GUIDE

DE

L'AMATEUR DE TIMBRES-POSTE

SECONDE ÉDITION

CATALOGUE

DE PLUS DE

DEUX MILLE TIMBRES

Avec les prix auxquels on peut se les procurer à la librairie

BAILLIEU

Quai des Grands-Augustins, 43

A PARIS

PARIS

BAILLIEU, LIBRAIRE

Quai des Grands-Augustins, 43

1864

ALBUM DE LA COUR DE ROME

UN VOLUME IN-4

Orné de 80 dessins coloriés

PRIX : 6 FR.; PAR LA POSTE, 7 FR. 50.

LE MÊME :

Demi-reliure chagrin, plats en toile, doré sur tranche, 12 fr.

FRANC DE PORT : 13 FR. 50.

LA

GRANDE DANSE MACABRE

REPRODUCTION EXACTE DES

ANCIENNES ÉDITIONS

UN VOLUME IN-4

Papier vergé ancien, orné de 53 figures

3 FRANCS, FRANC DE PORT

PAR LA POSTE.

GUIDE

DE L'AMATEUR

DE TIMBRES-POSTE

GUIDE

DE

L'AMATEUR DE TIMBRES-POSTE

SECONDE ÉDITION

CATALOGUE

DE PLUS DE

DEUX MILLE TIMBRES

Avec les prix auxquels on peut se les procurer à la librairie

BAILLIEU

Quai des Grands-Augustins, 43

A PARIS

PARIS

BAILLIEU, LIBRAIRE

Quai des Grands-Augustins, 43.

1864

Une édition de ce Catalogue épuisée en dix mois nous
oblige à le réimprimer ; nous profiterons de cette circons-
tance pour réparer quelques omissions ou rectifier des
erreurs ; quant aux additions, elles sont tellement impor-
tantes que le volume en est presque doublé.

Les premiers, nous avons indiqué nos prix de vente
en face de la description des timbres ; nous continuons
cette méthode, en plaçant en regard les prix neufs et
oblitérés.

D'après le désir manifesté par quelques amateurs, nous
indiquons les principaux essais de gravure ou de couleurs
qui sont si recherchés aujourd'hui.

Nous avons encore réduit nos prix, de manière à rendre toute concurrence sérieuse impossible, en observant surtout que tous nos timbres sont garantis authentiques, **et de** belle conservation.

ADDITIONS :

NORWÈGE.

TROISIÈME ÉMISSION.

Nom, armoiries (lion dans un écusson surmonté d'une couronne).

N°ˢ			neufs.
1474	24 sk.	brun.	2 »
1474 *bis.*	8 sk.	rose.	» 75

ALLEMAGNE, Confédération germanique.

États du Nord desservis par l'office de Tour et Taxis.

PREMIÈRE ÉMISSION.

LÉGENDE *Thurn und Taxis. Deutsch Oestr. postverein freimarke*, imprimés en noir sur papier de couleur. Chiffres indiquant la valeur.

Nos				neufs.	oblitérés.
1	1/4	silbergroschem,	brun.	» »	» 25
2	1/3	id.	chair.	» 15	» 10
3	1/2	id.	vert d'eau	» »	» 25
4	1	id.	bleu foncé.	» »	» 25
4 *bis*	1	id.	bleu pâle.	» »	» 25
5	2	id.	rose	» »	» 25
6	3	id.	jaune.	» »	» 10

DEUXIÈME ÉMISSION.

Mêmes timbres, imprimés en couleur sur papier blanc.

7	1/4	silbergroschen,	rouge orangé.	» 10	» »
8	1/2	id.	vert d'eau.	» 25	» »
9	1	id.	bleu clair.	» 50	» 25
10	2	id.	rose.	» »	» 25
11	3	id.	brun rouge.	» »	» 10
12	5	id.	lilas.	1 »	» 25
13	10	id.	vermillon.	1 75	» 50

TROISIÈME ÉMISSION.

Mêmes timbres, couleurs nouvelles adoptées par toute l'Allemagne.

14	1/3	silbergroschen,	vert.	» 10	» »
15	1/2	id.	vermillon.	» 20	» 10
16	1	id.	rose.	» 25	» 10
17	2	id.	bleu.	» 50	» 10
18	3	id.	bistre.	» 60	» 10

Enveloppes.

PREMIÈRE ÉMISSION.

OVALES AVEC LA LÉGENDE : *Thurn u Taxis*, et le chiffre indiquant la valeur, blanc en relief, inscriptions sur l'enveloppe imprimées en lilas.

N^{os}				neufs.	obliterés.
19	1/2 silbergroschen,		orange.	1 »	» »
20	1	id.	rose.	» »	» »
21	2	id.	bleu (entière).	2 »	» »
22	3	id.	bistre.	» »	» »

DEUXIÈME ÉMISSION.

Les mêmes, avec inscriptions sur l'enveloppe, imprimées de la même couleur que le timbre.

23	1/2 silbergroschen,		orange.	» 20	» »
24	1	id.	rose.	» 25	» »
25	2	id.	bleu	» 50	» »
26	3	id.	bistre.	» 60	» »

ALLEMAGNE, États du Sud.

PREMIÈRE ÉMISSION.

LÉGENDE : *Thurn und Taxis. Deutsch. OEstr. postverein freimarke*, imprimés en noir sur papier de couleur, chiffre indiquant la valeur.

N^{os}				neufs.	obliterés.
27	1 kreuzer,		vert d'eau.	» »	» 25
28	3	id.	bleu foncé.	» »	» 25
29	3	id.	bleu pâle.	» »	» 25
30	6	id.	rose.	» »	» 15
31	9	id.	jaune.	» »	» 15

DEUXIÈME ÉMISSION.

Mêmes timbres imprimés en couleur sur papier blanc.

Nᵒˢ				neufs.	oblitérés.
32	1 kreuzer,		vert d'eau.	» 10	» »
33	3	id.	bleu.	» »	» 10
34	6	id.	rose.	» »	» 10
35	9	id.	jaune.	» »	» 10
36	15	id.	lilas.	1 »	» 25
37	30	id.	vermillon.	1 75	» 50

TROISIÈME ÉMISSION.

Mêmes timbres. Couleurs nouvelles adoptées par toute l'Allemagne.

38	1 kreuzer,		jaune.	» »	» »
39	3	id.	rose.	» 25	» 10
40	6	id.	bleu.	» 50	» 10
41	9	id.	bistre.	» 60	» 10

Enveloppes.

PREMIÈRE ÉMISSION.

Octogones, avec la légende : *Thurn u Taxis*, et le chiffre indiquant la valeur, blanc en relief, inscriptions sur l'enveloppe imprimées en lilas.

Nᵒˢ				neufs.	oblitérés.
42	2 kreuzer,		jaune.	» »	» »
43	3	id.	rose.	» »	» »
44	6	id.	bleu.	» »	» »
45	9	id.	bistre.	» »	» »

DEUXIÈME ÉMISSION.

Les mêmes, avec inscriptions sur l'enveloppe imprimées
de la même couleur que le timbre.

N^{os}				neufs.	obl.
46	2 kreuzer,	jaune.		» 20	» »
47	3 id.	rose.		» 20	» »
48	6 id. ‘	bleu.		» 50	» »
49	9 id.	bistre.		» 60	» »

ANTIGUA. Possession anglaise.

Effigie de la reine d'Angleterre à gauche.

Légende : *Antigua*, imprimés en couleur sur blanc, dentelés.

N^{os}			neufs.	obl.
50	1 penny,	rose.	» 50	» »
51	6 pence,	vert.	1 25	» »

AUSTRALIE DU SUD. Possession anglaise.

Effigie de la reine Victoria.

Légende : *South Australia postage*, imprimés en couleur
sur papier blanc.

N^{os}				neufs.	obl.
52	1 penny,	vert foncé.		» »	» 50
53	1 id.	vert pâle.		» 50	» »
54	2 pence	rouge foncé.		» »	» 50
55	2 id.	— pâle.		» 75	» 50
56	6 id.	bleu foncé.		» »	» 50
57	6 id.	— pâle.		» »	» 50
58	6 id.	gris ardoise.		1 25	» 50
59	1 shilling,	orange.		2 »	» 50
60	1 id.	jaune.		2 »	» 50

Le même. Timbre plus petit. Portrait dans un ovale.

N⁰ˢ			neufs.	oblitérés.
61	9 pence,	gris.	1 75	» 75

Essais.

Même effigie que les timbres.

| 62 | 1 penny, | noir. | » ⸱ | » » |
| 63 | 6 pence, | noir. | » » | ▸ ᴅ |

AUSTRALIE OCCIDENTALE. Possession anglaise.

Cygne.

Légende : *Western Australia Postage*, imprimés
en couleur sur papier blanc.

PREMIÈRE ÉMISSION.

N⁰ˢ				neufs.	oblitérés.
64	2 pence,	bronze, octogone.	»	»	3 »
65	4 id.	bleu.	» »	»	1 50
66	6 id.	bronze.	» »	»	1 50
67	1 shilling,	brun clair, ovale.	»	»	1 50

DEUXIÈME ÉMISSION.

Mêmes timbres, oblongs, non dentelés.

68	1 penny,	noir.	» »	1 50
69	2 pence,	orange.	» »	1 50
70	4 id.	id.	» »	1 50
71	6 id.	vert.	» »	2 »

TROISIÈME ÉMISSION.

Mêmes timbres, dentelés.

Nᵒˢ			neufs.	obliterés.
72	1 penny,	rouge.	1 »	» »
73	2 pence,	bleu.	1 »	» »
74	4 id.	rose.	1 25	» »
75	6 id.	violet foncé.	1 50	» »
76	6 id.	pourpre.	1 50	» »
77	1 shilling,	vert.	2 50	» »

Essais.

Même dessin que les timbres de la 3ᵉ émission.

Nᵒˢ			neufs.	obliterés.
78	4 pence,	noir.	» »	» »
79	1 shilling,	noir.	» »	» »

AUTRICHE.

Aigle à deux têtes.

LÉGENDE : *KK. post stampel*, imprimés en couleur sur
papier blanc.

PREMIÈRE ÉMISSION.

Nᵒˢ			neufs.	obliterés.
80	1 kreuzer,	jaune clair.	» »	» 25
81	1 id.	— foncé.	» »	» 25
82	2 id.	noir.	» »	» 25
83	3 id.	vermillon.	» »	» 15
84	6 id.	chocolat.	» »	» 15
85	9 id.	bleu.	» »	» 10

DEUXIÈME ÉMISSION.

Effigie en relief de l'empereur François-Joseph Ier
à gauche.

Imprimés en couleur sur papier blanc.

N^{os}				neufs.		obitérés.
86	2 kreuzer,		orange.	»	»	» 50
87	2	id.	jaune.	»	v	» 25
88	3	id.	vert.	»	»	» 25
89	3	id.	noir.	»	»	» 25
90	5	id.	vermillon.	»	»	» 10
91	10	id.	brun.	»	»	» 10
92	15	id.	bleu.	ʟ	»	» 10

TROISIÈME ÉMISSION.

Effigie de l'empereur François-Joseph Ier dans un ovale
à droite avec le mot Kreuzer en exergue.

93	2 kreuzer,		jaune.	»	25	» 10
94	3	id.	vert.	●	25	» 10
95	5	id.	vermillon.	»	»	» 10
96	10	id.	brun.	»	»	» 10
97	15	id.	bleu.	»	»	» 10

QUATRIÈME ÉMISSION.

Timbres ovales, aigle en relief, en haut le mot Kreuzer,
en bas la valeur.

98	2 kreuzer,		jaune.	»	25	»	»
99	3	id.	vert.	»	25	»	»
100	5	id.	rose.	»	40	»	»
101	10	id.	bleu.	»	50	»	»
102	15	id.	brun.	»	75	»	»

Timbres de journaux.

PREMIÈRE ÉMISSION.

Tête de Mercure.

LÉGENDE : *Zeitungs Stampel*, sans désignation de valeur ;
pour les journaux circulant à l'intérieur.

N^{os}		neufs.		oblitérés.	
103	bleu.	1	»	» 50	
104	jaune.	»	»	»	»
105	rose.	»	»	»	» .

DEUXIÈME ÉMISSION.

Effigie de l'empereur François-Joseph Ier à gauche.

106	bleu.	»	»	» 50	
107	lilas.	»	»	» 50	

TROISIÈME ÉMISSION.

Même effigie, à droite.

108	lilas.	» 25	»	»	

QUATRIÈME ÉMISSION.

Octogone, imprimé en couleur sur papier blanc, armoiries en relief.

109	lilas.	» 10	»	»	

Pour les journaux de l'extérieur.

PREMIÈRE ÉMISSION.

Aigle à deux têtes.

LÉGENDE : *Zeitungs Stampel.*

N^{os}				neufs.	obliteres.

Nᵒˢ				neufs.	oblitérés.
110	1 kreuzer,		noir.	» »	1 »
111	2	id.	brun.	» »	» 50
112	4	id.	rouge.	» »	2 »

DEUXIÈME ÉMISSION.

Mêmes timbres.

113	1 kreuzer,		bleu.	» »	» 25
114	2	id.	vert-de-gris.	» »	» 50
115	2	id.	vert foncé.	» »	» 50
116	2	id.	vermillon.	» »	» 50
117	4	id.	brun.	» »	1 »

Enveloppes.

PREMIÈRE ÉMISSION.

Pareils aux timbres de la 3ᵉ émission.

Nᵒˢ				neufs.	obliterés.
118	3 kreuzer,		vert.	» 25	» »
119	5	id.	rouge.	» 40	» »
120	10	id.	brun rouge.	» 60	» »
121	15	id.	bleu.	» 75	» »
122	20	id.	orange.	1 »	» »
123	25	id.	brun foncé.	1 25	» »
124	30	id.	violet.	1 50	» »
125	35	id.	brun pâle.	1 75	» »

DEUXIÈME ÉMISSION.

Pareils aux timbres de la 4ᵉ émission.

Nᵒˢ				neufs.	obl.	
126	3 kreuzer,		vert.	» 25	»	»
127	5	id.	rose.	» 40	»	»
128	10	id.	brun rouge.	» 60	»	»
129	15	id.	bleu.	» 75	»	»
130	20	id.	orange.	1 »	»	»
131	25	id.	brun foncé.	1 25	»	»
132	30	id.	violet.	1 50	»	»
133	35	id.	brun pâle.	1 75	»	»

Timbres de retour.

(Sous ce titre on indique dans les albums les timbres complémentaires des feuilles de timbres poste.)

PREMIÈRE ÉMISSION.

Croix de Saint-André en couleur sur fond blanc.

Nᵒˢ		neufs.	obl.	
134	jaune.	» 50	»	»
135	noir.	» 50	»	»
136	rouge.	» 50	»	»
137	brun.	» 50	»	»
138	bleu.	» 50	»	»

DEUXIÈME ÉMISSION.

Même croix en blanc sur fond de couleur.

139	jaune.	» 25	»	»
140	orange.	1 »	»	»
141	vert.	» 25	»	»
142	noir.	» 25	»	»
143	rouge.	» 25	»	»
144	brun.	» 25	»	»
145	bleu.	» 25	»	»

BADE. Grand Duché.

Grand chiffre dans un rond.

Légende : *Baden, Freimarke,* imprimés en noir, sur papier
de couleur.

PREMIÉRE ÉMISSION.

				neufs.	oblitérés.
146	1 kreuzer,	chamois.	» »	» 25
147	3 id.	jaune paille.	» »	» 25
148	3 id.	jaune orange.	» »	» 25
149	6 id.	vert.	» »	» 25
150	9 id.	rose.	» »	» 10

DEUXIÉME ÉMISSION.

Mêmes timbres.

151	1 kreuzer,	blanc.	» »	» 25
152	3 id.	vert.	» »	» 25
153	3 id.	bleu.	» »	» 25
154	6 id.	jaune.	» »	» 10

TROISIÉME ÉMISSION.

Armes : deux griffons supportant un écusson.

Légende : *Baden freimarke postverein,* imprimés en couleur
sur papier blanc; dentelés.

155	1 kreuzer,	noir.	» »	» 10
156	3 id.	bleu ciel.	» »	» 10
157	3 id.	bleu foncé.	» »	» 10
158	6 id.	orange.	» »	» 10
159	9 id.	rose.	» »	» 10

QUATRIÈME ÉMISSION.

Mêmes timbres, le fond des armoiries blanc.

N°ˢ				neufs.	oblitérés.
160	3 kreuzer,		rose.	» 25	» 10
161	6	id.	bleu.	» 50	» 10
162	9	id.	bistre.	» 60	» 10
163	18	id.	vert.	1 25	» 50
164	30	id.	orange.	1 75	» 50

Enveloppes.

Effigie du grand duc Frédéric-Guillaume, en relief blanc,
avec la valeur en exergue ; ovales.

N°ˢ				neufs.	oblitérés.
165	3 kreuzer,		bleu.	» »	» 50
166	6	id.	jaune.	» »	» 50
167	9	id.	rose.	» »	» 50
168	12	id.	bistre.	2 »	1 »
169	18	id.	brique.	2 »	1 »

DEUXIÈME ÉMISSION.

Mêmes timbres.

170	3 kreuzer,		rose	» 25	» »
171	6	id.	bleu.	» 50	» »
172	9	id.	bistre.	» 60	» 15

Land post.

Grands chiffres en typographie, imprimés en noir sur
couleur.
LÉGENDE : *Land post, Porto marke.*

N°ˢ				neufs.	oblitérés.
173	1 kreuzer,		jaune.	» 10	» »
174	3	id.	jaune.	» 25	» »
175	12	id.	jaune.	» 60	» »

BAHAMAS (îles), possession anglaise.

Effigie de la reine Victoria à gauche.

LÉGENDE : *Bahamas, postage,* imprimés en couleur, dentelés.

Nᵒˢ			neufs.	oblitérés.
176	4 pence,	rose.	1 »	» »
177	6 id.	lilas.	1 25	» »

Avec la LÉGENDE : *Bahamas interinsular postage.*

| 178 | 1 penny, | rouge. | » 50 | »   » |
| 179 | 1   id. | carmin foncé. | » 50 | »   » |

Même timbre, effigie de profil.

| 179 *bis* | 1 shilling, | vert, | 2   » | »   » |

BARBADES, possession anglaise.

Minerve, assise, appuyée sur son bouclier.

LÉGENDE : *Barbados.*

Nᵒˢ			neufs.	oblitérés.
180	rouge brique, papier bleuté.		» »	1 »
181	id. papier blanc.		» »	» 50
182	bleu. »		» »	» 50
183	vert. »		» »	» 50

Avec la LÉGENDE : *Barbados* et l'indication de la valeur.

| 184 | 6 pence, | brique. | »   » | » 50 |
| 185 | 1 shilling, | noir. | »   » | » 50 |

BAVIÈRE.

Chiffre indiquant la valeur dans un carré.

Légende : *Bayern franco*, imprimé en noir, carré.

N°				neuf.	obllitérés.
186	1 kreuzer,		blanc.	» »	2 »

DEUXIÈME ÉMISSION.

Chiffres indiquant la valeur dans un rond.

Légende : *Bayern franco*, estampés en relief blanc, carrés.

187	1 kreuzer,		rose.	» 25	» 10
188	3	id.	bleu.	» »	» 10
189	6	id.	chocolat.	» »	» 10
190	9	id.	vert.	» »	» 10
191	12	id.	rouge brique.	» »	» 25
192	18	id.	jaune orange.	» »	» 25

TROISIÈME ÉMISSION.

Mêmes timbres.

193	1 kreuzer,		jaune orange.	» 10	» 10
194	3	id.	rose.	» 25	» 10
195	6	id.	bleu.	» 50	» 10
196	9	id.	fauve.	» 60	» 10
197	12	id.	vert.	» 75	» 25
198	18	id.	rouge brique.	1 25	» 25

Post-taxe.

Grand chiffre imprimé en noir sur blanc.

N°				neuf.	oblitéré.
199	3 kreuzer,		noir.	» 25	» »

*Timbres servant du bureau central pour envoyer les
paquets de timbres dans les bureaux succursales.*

Même chiffre imprimé en 'noir sur papier de couleur.

PREMIÈRE ÉMISSION.

N°ˢ				neufs.	oblitérés.
200	1 kreuzer,	rose.		» »	» »
201	3 id.	bleu.		» »	» »
202	6 id.	marron.		» »	» »
203	9 id.	vert.		» »	» »
204	12 id.	rouge.		» »	» »
205	18 id.	jaune.		» »	» »

DEUXIÈME ÉMISSION.

206	1 kreuzer,	jaune.	» »	» »
207	3 id.	rose.	» »	» »
208	6 id.	bleu.	» »	» »
209	9 id.	fauve.	» »	» »
210	12 id.	vert.	» »	» »
211	18 id.	rouge.	» »	» »

BELGIQUE.

Effigie à droite du roi Léopold.

LÉGENDE : *Postes,* valeur indiquée, imprimés en couleur
sur papier blanc.

N°ˢ			neufs.	oblitérés.
212	10 centimes,	noir brun.	» »	» 25
213	20 id.	bleu.	» »	» 25

DEUXIÈME ÉMISSION.

Mêmes timbres, l'effigie dans un ovale, imprimés en couleur sur papier blanc.

N^{os}				neufs.	obliterés.
214	1 centime,	vert.		» 5	» 5
215	10 id.	noir brun.		» 15	» 5
216	20 id.	bleu.		» 25	» 5
217	40 id.	rouge.		» 50	» 5

Essais.

Portrait à droite du roi Léopold Ier, sans cadre, papier porcelaine, imprimés en noir.

N^{os}				neufs.	obliterés.
218	10 centimes.	jaune.		» »	» »
219	20 id.	blanc.		» »	» »

Les mêmes, avec encadrement, imprimés en couleur.

| 220 | 10 centimes, | bleu. | | » » | » » |
| 221 | 40 id. | nòir. | | » » | » » |

Les mêmes, valeur non indiquée.

| 222 | — | bleu. | | » » | » » |
| 223 | — | noir. | | » » | » » |

Portrait couronné du roi en relief à gauche, imprimés en couleur.

| 224 | 10 centimes, | gris–noir. | | » » | » » |

BERGEDORF, Ville près Hambourg.

Armes mi-partie de Lubeck, mi-partie de Hambourg.

Légende : *Bergedorf postmarke*. Timbres de grandeurs progressives en raison du prix. Imprim. en noir sur couleur.

PREMIÈRE ÉMISSION.

N°°				neufs.	obliterés.
225	1/2	schilling,	violet.	» »	» »
226	3	id.	noir sur rose.	» »	» »

DEUXIÈME ÉMISSION.

N°				neufs.	obliterés.
227	1/2	schilling.	bleu.	» 25	» »
228	1	id.	blanc.	» 25	» »
229	1 1/2	id.	paille.	» 40	» »
230	3	id.	bleu sur rose.	» 50	» »
231	4	id.	orange.	» 75	» »

BRÊME, l'une des villes libres hanséatiques.

Armes : une clef dans un écusson.

Chaque timbre a un dessin différent. Imprimés en noir sur couleur.

N°s				neufs.	obliterés.
232	2	grote,	orange.	» 25	» »
233	3	id.	gris.	» 40	» »
234	5	id.	rose.	» 50	» »
235	7	id.	jaune.	» 75	» »
236	5	silbergroschen,	vert sur blanc.	1 »	» »
237	10	grote,	noir sur blanc.	1 »	» »

Enveloppes

Spéciales à la ville de Brême, frappées à la main en noir,
avec cette Légende : *Stadt post amt.*

Nos		neufs.	oblitérés.
238	noir sur bleu.	» 25	» »
239	noir sur-blanc.	» 25	» »

BRÉSIL.

Grands chiffres droits ornés imprimés en noir sur blanc.

Nos		neufs.	oblitérés.
240	30 reis,	» »	» »
241	60 id.	» »	» »
242	90 id.	» »	» »

DEUXIÈME ÉMISSION.

Chiffres en italique plus petits, noir sur blanc.

243	10 reis,	» »	2 »
244	30 id.	» »	2 »
245	60 id.	» »	1 »
246	90 id.	» »	2 »
247	180 id.	» »	4 »
248	300 id.	» »	4 »
249	600 id.	» »	4 »

TROISIÈME ÉMISSION.

Chiffres droits, noir sur blanc.

250	10 reis,	» »	» »
251	20 id.	» »	» 50
252	30 id.	» »	» 25

N^{os}				neufs.	oblitérés.

N°s				neufs.	oblitérés.
253	60	id.		» »	» 25
254	90	id.		» »	» 25
255	180	id.		» »	» 50
256	300	id.		» »	1 »
257	600	id.		» »	1 »

QUATRIÈME ÉMISSION.

Chiffres droits, couleur sur blanc.

258	10 reis,		bleu.	» »	» 25
259	30	id.	bleu.	» »	» 25
260	280	id.	rouge.	» »	» 50
261	430	id.	jaune.	» »	1 »

BRUNSWICK.

Cheval galopant surmonté d'une couronne.

LÉGENDE : *Braunschweig*, imprimés en couleur sur blanc.

N°s				neufs.	oblitérés.
262	1 silbergroschen,		rose.	» »	1 »
263	2	id.	bleu.	» »	» 75
264	3	id.	vermillon.	» »	» 50

DEUXIÈME ÉMISSION.

Mêmes timbres, imprimés en noir sur couleur.

265	1/4 silbergroschen, brun oblong.	» »	» 75
266	4/4 gutengroschen, fauve carré.	» 25	» »

Ce timbre peut se diviser en quatre.

267	1/3 silbergroschen,		blanc.	» 20	» »
268	1/4	id.	vert.	» 25	» »
269	1	id.	jaune.	» 25	» »
270	2	id.	bleu.	» 50	» »
271	3	id.	rose.	» 60	» 15

TROISIÉME ÉMISSION.

Mêmes timbres, imprimés en couleur sur papier blanc.

Nos				neufs.	oblitérés.
272	1 silbergroschen,			» »	» »
273	2	id.		» »	» »
274	3	id.	rose,	» 60	» 15

Enveloppes.

Cheval galopant, surmonté d'une couronne.

LÉGENDE : *Braunschweig.*

Nos				neufs.	oblitérés.
275	1 silbergroschen,		jaune.	» 25	» »
276	2	id.	bleu.	» 50	» »
277	3	id.	rose.	» 60	» »

Enveloppes.

278	St. p. fr. *pour la ville de Brunswick.*
	Timbre à main.

279		rouge papier blanc.	» 25	» »
280	id.	id. bleu.	» 25	» »
281	id.	id. rose.	» 25	» »
282	id.	id. vert.	» 25	» »
283	id.	id. violet.	» 25	» »
284	id.	id. chamois.	» 25	» »

BUENOS-AYRES.

Vaisseau.

LÉGENDE : *Buenos-Ayres correos franco,* imprimé en couleur sur blanc.

N°°				neufs.		oblitérés.	
285	1	peso,	bleu.	»	»	2	»
286	1	id.	brun.	»	»	3	»
287	2	id.	bleu.	»	»	3	»
288	3	id.	vert.	»	»	3	»
289	4	id.	rougeâtre.	»	»	4	»
290	4	id.	brun.	»	»	4	»
291	5	id.	bleu.	»	»	4	»
292	5	id.	brun.	»	»	4	»
293	5	id.	jaune.	»	»	5	»

DEUXIÈME ÉMISSION.

Téte avec bonnet phrygien.

LÉGENDE : *Buenos-Ayres correos franco,* imprimés en couleur.

294	1	peso,	bleu.	1	»	»	»
295	2	id.	rouge.	1	»	»	»

TROISIÈME ÉMISSION.

296	1	peso,	rose.	1	»	»	»
297	4	réales,	vert sur blanc.	1	»	»	»
298	4	id.	vert sur bleuté.	1	»	»	»

Essai.

Pareil au timbre de la deuxième émission.

299	2	pesos,	bleu.	»	»	»	»

CANADA.

LÉGENDE : *Canada postage*, imprimés en couleur sur blanc,
Effigies diverses.

PREMIÈRE ÉMISSION.

Nᵒˢ				neufs.	obliterés.
300	1/2 penny,	rose.	(Reine Vict. de profil.)	» »	» 75
301	3 pence,	vermil. (Castor.)		» »	1 »
302	3 id.	brun rouge. (Castor.)		» »	1 50
303	6 pence st.,	vert. (Reine Vict. de face.)		» »	2 »
304	6 id.	violet. (Prince de Galles.)		» »	2 »
305	6 id.	violet noir. (Prince de Galles.)		» »	3 »
306	10 id.	bleu. (Jacques Cartier.)		» »	2 »

DEUXIÈME ÉMISSION.

307	1 cent,	chair.	(Reine Vict. de profil.)	» »	» 50
308	1 id.	rose.	(Reine Vict. de profil.)	» 20	» 10
309	5 id.	vermil. (Castor.)		» 50	» 25
310	10 id.	violet cl. (Prince de Galles.)		1 »	» 50
311	10 id.	v. foncé. (Prince de Galles.)		1 »	» 50
311 *bis*	12 1/2 id.	vert. (Reine Victoria de face.)		1 25	» 25
312	17 id.	bleu. (Jacques Cartier.)		1 25	» 50

Enveloppes.

LÉGENDE : *Canada postage; ovales. Effigie de la reine
à gauche.*

Nᵒˢ				neufs.	obliterés.
313	5 cents,	rouge.		» 50	» »
314	10 id.	brun.		1 »	» »

Essais.

N^{os}				neufs.			
315	1/2 penny,	noir.	(Reine Vict. de profil.)	»	»	»	»
316	3 pence,	noir.	(Castor.)	»	»	»	»
317	6 id. 12^c1/2,	noir.	(Reine de face.)	»	»	»	»
318	6 id. 12^c1/2,	bleu.	(Reine de face.)	»	»	»	»
319	6 id. 12^c1/2,	violacé.	(Reine de face.)	»	»	»	»
320	10 id.	noir.	(Jacques Cartier.)	»	»	»	»
321	12 id.	noir.	(Reine de face.)	»	»	»	»

CAP DE BONNE-ESPÉRANCE , possession anglaise.

Déesse couchée, symbole de la Grande-Bretagne.

LÉGENDE : *Cape of good hope,* imprimés en couleur sur blanc,
gravés en taille-douce, triangulaires.

N^{os}				neufs.		oblitérés.	
322	1 penny,	rouge (papier blanc).		»	»	»	40
323	1 id.	brique (papier blanc).		»	»	»	40
324	1 id.	brique (papier bleuté).		»	»	1	»
325	4 pence,	bleu (papier blanc).		»	»	»	50
326	4 id.	bleu (papier bleuté).		»	»	2	»
327	6 id.	lilas clair.		»	»	»	50
328	6 id.	lilas foncé.		»	»	»	50
329	1 shilling,	vert foncé.		»	»	1	50
330	1 id.	vert d'eau.		»	»	»	75
331	1 id.	vert très-clair.		»	»	»	75

Les mêmes timbres lithographiés.

En 1861, la colonie du Cap se trouvant au dépourvu de timbres, émit
provisoirement les suivants, lithographiés, qui furent supprimés peu
de temps après.

Nos				neufs.	oblitérés.
332	1 penny,	bleu.		» »	» »
333	1 id.	rouge.		» .»	2 50
334	4 pence,	bleu clair.		» »	2 50
335	4 id.	bleu foncé.		» »	2 50
336	4 id.	brique.		» »	» »

CEYLAN, possession anglaise.

Effigie de la reine Victoria, à gauche.

LÉGENDE : *Ceylan postage*, imprimés en couleur sur blanc.

Nos				neufs.	obliterés.
337	1/2 penny,	lilas clair, pap. glacé rect.	» 25	» »
338	1 id.	bleu. rectangulaire.	» 50	» 25
339	2 pence,	vert id.	» 50	» .»
340	4 id.	rouge clair. octogone.	1 »	» »
341	5 id.	brun clair. rectangul.	1 25	» »
342	6 id.	brun id.	1 25	» 75
343	8 id.	marron jaune. octogone.	1 50	» »
344	9 id.	brun foncé id.	1 75	» »
345	9 id.	— violet id.	» »	1 50
346	10 id.	vermillon foncé. rectang.	2 »	» »
347	1 schill.	violet. rectangulaire.	2 »	1 »
348	1 id. 9 p.	vert. octogone.	3 75	» »
349	2 id.	bleu id.	5 »	» »

Enveloppes.

Effigie de la reine Victoria, à gauche, en relief,
sur papier blanc; entières.

Nos			neufs.	obliterés.
350	1 penny,	bleu ovale.	» 50	» »
351	2 pence,	vert id.	1 » .	» »

N^{os}				neufs.	oblitérés.

N°s			neufs.	oblitérés.
352	4 penny,	rose, ovale.	1 25	» »
553	5 id.	brun, id.	1 50	» »
354	6 id.	id. rond.	1 75	» »
355	8 id.	id. octogone.	2 »	» »
356	9 id.	violet, rectang.	2 25	» »
356 *bis* 10 id.			» »	» »
357	1 sh.	jaune, rond.	2 50	» »
358	1 sh. 9 p.	vert, octogone.	3 75	» »
359	2 sh.	bleu id.	5 »	» »

CHILI.

Portrait à gauche, dans un rond.

Légende : *Correos porte franco Colon Chile*, imprimés
en couleur.

PREMIÈRE ÉMISSION.

Timbres sur papier bleuté.

N°s			neufs.	oblitérés.
360	5 cent.	brun.	» »	» 75
361	10 id.	bleu foncé.	» »	1 25

DEUXIÈME ÉMISSION.

Timbres sur papier blanc.

N°			neufs.	oblitérés.
362	1 cent.	jaune.	» 75	» 50
363	5 id.	rouge.	» 75	» 25
364	10 id.	bleu.	1 »	» 75
365	20 id.	vert.	2 »	1 »

Même effigie.

366	5 cent.	noir.	» »	» »

COLOMBIE et VANCOUVER, possession anglaise.

Effigie de la reine Victoria à gauche.

Légende : *British Columbia and Vancouvers island postage*, imprimés en couleur sur blanc, rect.

N^{os}				neufs.		obl.	

N^{os}				neufs.	oblitérés.
367	2 1/2 pence,	chair, non dent.	»	»	» »
368	2 1/2 id.	rose, dentelé.	2	»	» »

CONFÉDÉRATION ARGENTINE.

Deux mains soutenant un bonnet de liberté avec un soleil à l'horizon.

Légende : *Confederacion argentina*, imprimés en couleur sur blanc rect.

PREMIÈRE ÉMISSION.

N^{os}			neufs.	oblitérés.
369	5 cent. (gd chiffre),	vermillon.	1 »	» »
370	5 id. (pet. chiffre),	vermillon.	1 »	» »
371	10 id.	vert.	2 »	» »
372	15 id.	bleu.	2 »	» »

DEUXIÈME ÉMISSION.

Mêmes emblèmes, plus petits, entourés de la Légende *Republica argentina*, imprimés en couleur sur papier légèrement teinté.

373	5 cent.	rose.	» 50	» »
374	10 id.	vert.	1 »	» »
375	15 id.	bleu.	1 »	» »

CORRIENTES (Ville de la République).

Nom, tête de la république, imprimés en noir sur couleur.

Nos			neufs.		oblitérés.	
376	1 real M. C.	noir s. bleu f.	»	»	»	»
377	Le même, sans val. indiquée, bleu foncé.		»	»	»	»

COSTA-RICA (République de).

(AMÉRIQUE DU CENTRE.)

Timbres rectangulaires, imprimés en couleur sur blanc,

Un promontoire, deux vaisseaux à voiles, le tout surmonté de cinq étoiles dans un écusson fleuronné.

LÉGENDE : *Porte. Correos de Costa-Rica.*

Nos			neufs.		oblitérés.	
378	1/2 real,	bleu foncé.	1	50	»	75
379	2 reales,	rouge vif.	2	50	1	25
380	4 id.		»	»	»	»
381	1 piastre ou 8 reales.		»	»	»	»

CUBA, possession espagnole.

Effigie de la reine Isabelle II, dans un cercle de perles.

LÉGENDE : *Correos ;* imprimés en couleur.

PREMIÈRE ÉMISSION.

Imprimés en couleur sur papier vergé bleuté.

Nos				neufs.		obltérés.	
382	1/2 real plata,		bleu foncé.	»	»	1	»
383	1	id.	vert.	»	»	»	»
384	2	id.	rouge brique.	»	»	»	»

DEUXIÈME ÉMISSION.

Imprimés en couleur sur papier vergé blanc.

385	1/2 real plata,		bleu.	»	»	»	»
386	1	id.	vert.	»	»	»	»
387	2	id.	rouge brique.	»	»	»	»

TROISIÈME ÉMISSION.

Imprimés en couleur sur papier mécanique blanc.

388	1/2 real plata,		bleu.	»	»	» 25
389	1	id.	vert.	»	»	» 25
390	2	id.	rouge brique.	»	»	» 50
391	2	id.	rose.	»	»	1 »
392	2	id.	rouge brique.	»	»	1 »

Ce dernier timbre avec les lettres Y⁴ imprimés sur le timbre.

DANEMARK.

PREMIÈRE ÉMISSION.

Valeur dans un rond entouré des mots Kgl. post frimærke, imprimés en couleur sur blanc.
Carré (timbre spécial à la ville de Copenhague.)

N°			neuf.		obltéré.	
393	2 rigsbanks skillings, bleu.		5	»	2	»

DEUXIÈME ÉMISSION.

Armes du Danemark, épée et sceptre en croix, surmontés d'une couronne.

Légende : *Kongeligt post frimaerke. Fire R. B. S.,* carrés, imprimés en couleur sur blanc.

Nos				neufs.	oblitérés.
394	4 rigsbanks skillings, brun rouge.			» »	» 50
395	4	id.	id. brun clair.	» »	» 50
396	4	id.	id. brun foncé.	» »	» 50

TROISIÈME ÉMISSION.

Épée et sceptre en croix surmontés d'une couronne.

Légende : *K. G. L. Frim. post,* imprimés en couleur sur blanc, *carrés fond sablé.*

397	2 skillings,	bleu.	» 25	» »
398	4 id.	brun.	» »	1 »
399	8 id.	vert.	» »	1 »
400	16 id.	lilas.	» 75	» »

Mêmes timbres fond ondulé.

401	4 skillings,	brun rouge.	» 50	» »
402	8 id.	vert.	» 50	» »

Enveloppes.

Nos		neufs.	oblitérés.
403	4 skillings,	» »	» »
404	8 id.	» »	» »
405	16 id.	» »	» »

Essais.

Tête de mercure à gauche dans un cercle, carré.

N°		neufs.	
406	4 R. B. S. 1 1/4 sch., brun.	2 »	» »

2.

Portrait du roi à droite dans un cercle carré.

Nº			neuf.	obliréré.
407	8 R. B. S. 2 1/2 sch., brun.		2 »	» »

SCHLESWIG-HOLSTEIN.

Armes du Schleswig au centre d'un aigle à deux têtes, aux coins S. H., fond rayé, imprimés en couleur sur blanc.

Nᵒˢ				neufs.	oblitérés.
408	1 shilling,		bleu clair.	2 50	» »
409	2 id.		rose.	2 50	» »

Ces timbres n'ont servi que pendant la séparation, en 1849, on se sert actuellement au Schleswig des timbres du Danemark.

Essai.

Nº			neuf.	
410	2 sch.,	bleu.	» »	» »

DEUX-SICILES , NAPLES.

Armes, trois jambes, les extrémités rassemblées, sont cachées par une tête de méduse et trois fleurs de lys, imprimés en couleur, diverses formes.

ROYAUME DE NAPLES.

Nᵒˢ				neufs.	oblitérés
411	1/2 grano,		rose carré.	4 »	2 »
412	1 id.		rose carré.	» »	» 25
413	2 id.		rose carré.	» »	» 25
414	5 id.		rose rect.	» »	» 25

N^{os}				neufs.	obliterés.

N^{os}				neufs.			obliterés.
415	10 grano,		rose rect.	»	»	» 50	
416	20 id.		rose rect.	»	»	» 50	
417	50 id.		rose rect.	6	»	2 »	

GOUVERNEMENT PROVISOIRE.

Mêmes armoiries, imprimés en couleur sur blanc, carré.

N°			neuf.		obliteré.	
418	1/2 tornèse,	bleu.	»	»	»	»

Le même timbre avec la croix de Savoie en remplacement
des armes royales.

N°			neuf.		obliteré.	
419	1/2 tornèse,	bleu.	»	»	»	»

NAPLES, PROVINCE ITALIENNE.

Effigie de Victor Emmanuel II à droite, imprimés en
couleur sur blanc rectangulaires.

N^{os}				neufs.		obliterés.	
420	1/2 tornèse,		vert.	»	»	» 25	
421	1/2 grano,		bistre.	»	»	» 25	
422	1 id.		noir.	»	»	» 25	
423	2 id.		bleu.	»	»	» 25	
424	5 id.		rouge.	»	»	» 25	
425	5 id.		vermillon.	»	»	» 25	
426	5 id.		lilas.	»	»	2 »	
427	10 id.		jaune ocre.	»	»	» 25	
428	20 id.		jaune citron.	»	»	» 50	
429	50 id.		gris perle.	4	»	1 50	
430	50 id.		bleu ciel.	5	»	» »	

ESPAGNE.

PREMIÈRE ÉMISSION.

Effigie de la reine Isabelle à gauche ou à droite.

LÉGENDE : *Correos franco* 1850, imprimés en couleur sur blanc.

N^{os}			neufs.	oblitérés.
431	6 cuartos,	noir.	» »	1 »
432	12 id.	violet.	» »	» »
433	5 reales,	rouge.	» »	» »
434	6 id.	bleu.	» »	» »
435	10 id.	vert.	» »	» »

DEUXIÈME ÉMISSION.

Même effigie 1851.

436	6 cuartos,	noir.	» »	1 »
437	12 id.	violet.	» »	» »
438	2 réales,	rouge.	» »	» »
439	5 id.	rose.	» »	» »
440	6 id.	bleu.	» »	» »
441	10 id.	bleu	» »	» »

TROISIÈME ÉMISSION.

Même effigie 1852.

442	6 cuartos,	rose.	» »	1 »
443	12 id.	violet.	» »	» »
444	2 reales,	rouge.	» »	» »
445	5 id.	vert.	» »	» »
446	6 id.	bleu.	» »	» »

QUATRIÈME ÉMISSION.

Même effigie 1853.

N^{os}				neufs.		oblitérés.	
447	6	cuartos,	rouge.	»	»	1	»
448	12	id.	violet.	»	»	»	»
449	2	réales,	rose.	»	»	»	»
450	5	id.	vert.	»	»	»	»
451	6	id.	bleu.	»	»	»	»

Armes de la ville de Madrid, ours montant sur un arbre,
Légende : *Correo interior*, pour Madrid.

452	1	cuarto,	bronzé.	»	»	»	»
453	2	id.	id.	»	»	»	»
454	3	id.	id.	»	»	»	»

CINQUIÈME ÉMISSION.

*Armes d'Espagne couronnées, entourées du collier de
la Toison d'Or.*
Légende : *Correos* 1854, imprimés en couleur sur blanc.

455	2	cuartos, sans date, vert.		»	»	»	»
456	4	id.	rouge.	»	»	1	»
457	6	id.	rouge.	»	»	1	»
458	6	id.	papier bleuté.	»	»	1	»
459	1	réale,	noir.	»	»	»	»
460	2	id.	rouge.	»	»	»	»
461	5	id.	vert.	»	»	»	»
462	6	id.	bleu.	»	»	»	»

SIXIÈME ÉMISSION (sans date).

Effigie de la reine à droite, dans un rond de perles.
Légende : *Correos*, papier azuré.

463	2	cuartos,	vert.	»	»	»	»
464	4	id.	brun.	»	»	» 50	
465	1	réale,	bleu.	»	»	»	»
466	2	id.	violet foncé.	»	»	»	»

SEPTIÈME ÉMISSION.

Mêmes timbres sur papier vergé blanc.

Nᵒˢ				neufs.	oblitérés.
467	2 cuartos,	vert.		» »	» »
468	4 id.	rose.		» »	» 50
469	1 réale,	bleu.		» »	» »
470	2 id.	violet.		» »	» »

HUITIÈME ÉMISSION.

Effigie à droite de la reine Isabelle, dans un rond.

Légende : *Correos*, imprimés en couleur sur papier mécanique blanc.

471	2 cuartos,	vert.	» »	» »
472	4 id.	rouge.	» »	» 25
473	12 id.	orange.	» »	» »
474	1 réale,	bleu.	» »	» »
475	2 id.	violet.	» »	» 50

NEUVIÈME ÉMISSION.

*Même effigie à droite et même légende dans un cercle
fleuronné,* imprimés en couleur sur blanc.

476	2 cuartos,	vert.	» »	» 50
477	4 id.	jaune.	» »	» 25
478	12 id.	rouge.	» »	» 20
479	19 id.	brun.	» »	1 50
480	1 réale,	bleu.	» »	» 75
481	2 id.	violet.	» »	» 25

DIXIÈME ÉMISSION.

Effigie de la reine Isabelle à gauche, dans un ovale.

Légende : *España*, imprimés en couleur sur couleur.

482	2 cuartos,	vert sur jaune.	» 25	» »
483	4 id.	choc. sur chair.	» 25	» 10

Nᵒˢ				neufs.	oblitérés.
484	12 cuartos,	bleu sur bl. rosé.	» 75		» 10
485	12 id.	sur rose.	1 25	»	»
486	19 id.	laq. sur bl. rosé.	1 50	»	»
487	1 réale,	choc. sur jaune.	» 50	»	»
488	2 id.	viol. sur mauve.	1 »	»	»

CORREO OFFICIAL.

Timbre de franchise. Armes d'Espagne.

Légende : *Correo official* 1854, imprimés en noir sur couleur, carrés.

489	1/2 onza,	jaune.	1 »	» »
490	1 id.	rose.	1 »	» »
491	4 id.	vert.	1 »	» »
492	1 libra,	bleu.	» »	» »

Mêmes armes, sans date, ovales, impr. en noir sur couleur.

493	1/2 onza,	jaune.	» »	» 25
494	1 id.	rose,	» »	» 25
495	2 id.	vert.	» »	» 25
496	1 libra,	bleu.	» »	» 25

Essais.

Effigie de la reine dans un cercle de perles, pareil à la 6ᵉ émission.

Nᵒ			neufs.
497	12 cuartos,	orange.	» » » »

Effigie de la reine dans un cercle, pareil à la 9ᵉ émission.

| 498 | 1/2 real, | noir. | » » » » |

ÉTATS CONFEDÉRÉS du Sud des États-Unis.

PREMIÈRE ÉMISSION.

Timbres rectangulaires, imprimés en couleur sur blanc,
gravés en taille-douce, portraits.

Légende : *Confederate states of America.*

Nos				neufs.		obliterés.	
499	2 cents,	bleu.	(Portr. reg. à gauc.)	»	»	»	»
500	2 id.	rouge.	id.	»	»	»	»
501	5 id.	bleu.	(J. Davis.)	2	»	»	»
502	5 id.	vert.	(J. Davis.)	1 50	»	»	»
503	10 id.	bleu.	(Beauregard.)	3	»	»	»
504	10 id.	rouge.	(Beauregard)	»	»	»	»

DEUXIÈME ÉMISSION.

Timbre carré, portrait de J. Davis, regardant à droite.

Légende : *Confederate states,* imprimés en taille-douce.

505	1 cent,	orange.		»	»	»	»
506	5 cents,	bleu ciel.		2	»	»	»

TROISIÈME ÉMISSION.

Timbres rectangulaires , imprimés en couleur sur blanc,
gravés en taille-douce, portraits divers.

Légende : *The confederate states of America, pour les
timbres de 10 et 20 cents et les lettres C. S. pour le 2 cents.*

507	2 cents,	rouge br. (Adams.)		»	»	3	»

Valeur en chiffres.

508	10 id.	bleu.	(J. Davis.)	»	»	3	»
509	20 id.	vert.	(Washington).	»	»	3	»

Valeur en lettres.

N°			neuf.	obⅼitéré.
510	ʹ10 cents, bleu. (J. Davis.)		» »	3 »

Offices particuliers

DESSERVANT LES VILLES.

BATON ROUGE.

P. O. Baton rouge La, J. Mc. Cormick.
Papier blanc à dessin vert ; encadrement, chiffre
et légende typographiés.

N°			neuf.	oblitéré.
511	5 cents,	rose.	» 25	» »

CHARLESTON.

Chiffre au milieu, rect.

N°			neuf.	oblitéré.
511 *bis*	5 cents,	brun.	» »	» »

MEMPHIS.

Chiffre de valeur entouré de 11 étoiles blanches dans
un rond bleu, imprimés sur blanc.

No			neuf.	oblitéré.
512	2 cents,	bleu.	» 25	» »

Memphis Tenn. fond quadrillé ovale.

No			neuf.	oblitéré.
513	Paid. 5 cents,	rouge brun.	» 25	» »

MOBILE.

Mobile post office, le chiffre de valeur
est placé dans une étoile, entre les branches de laquelle
se trouvent quatre personnages.

No			neuf.	oblitéré.
514	Paid. 5 cents,	bleu.	» 25	» »

NASHVILLE.

W. D. Mc Nish. P.M. Nashville Tenn. entouré de 11 étoiles dans un ovale.

Nos				neufs.	oblitérés.
515	5 cents,	laque s. mauve.	» 25	»	»
516	5 id.	gris sur mauve.	» 25	»	»
517	10 id.	rouge.	» »	»	»

NOUVELLE-ORLÉANS.

J. L. Riddell, post office, imprimés en couleur.

Nos				neufs.	oblitérés.
518	2 cents,	bleu.	» 25	»	»
519	2 id.	rouge.	» 25	»	»
520	5 id.	brun sur papier bleuté.	» 25	»	»
521	5 id.	— — blanc.	» 25	»	»

RICHMOND.

Bucks express paid, chiffre au milieu.

522	1 cent,	»	»	» 25
523	5 id.	»	»	» 50
524	10 id.	»	»	» 75
525	20 id.	»	»	1 »

Richmond postage, un drapeau dans un ovale.

526	5 cent,	vert sur blanc.	» »	» 50

ÉTATS ROMAINS.

Armes papales, les clefs de Saint-Pierre en sautoir, surmontées de la tiare, imprimées en noir sur couleur, formes diverses.

Nᵒˢ				neufs.	oblitérés.
527	1/2 bajoque,	violet clair, ovale.		» »	» 25
528	1/2 id.	violet foncé id.		» 15	» »
529	1/2 id.	gris id.		» »	» 25
530	1 id.	vert d'eau id.		» 20	» »
531	2 id.	vert, oblong.		» 20	» »
532	3 id.	jaune foncé, ovale.		» 30	» 10
533	4 id.	jaune, rond.		» 40	» 10
534	4 id.	brun très-clair, rond.		» »	» 25
535	5 bajoque,	rose, rect.		» 50	» 10
536	6 id.	gris, octogone.		» 60	» 10
537	7 id.	bleu, octogone.		» 60	» 10
538	8 id.	blanc, octogone.		» 60	» 10

Les mêmes, timbres plus grands, imprimés en couleur sur blanc.

				neufs.	obl.
539	50 bajoques,	bleu, oblong.		3 50	1 50
540	1 scudo,	rouge, id.		7 »	2 »

ÉTATS-UNIS D'AMÉRIQUE.

PREMIÈRE ÉMISSION.

Timbres rectangulaires, imprimés en couleur sur blanc, portr. grav. en taille-douce.

Nᵒˢ				neufs.	oblitérés.
541	5 cents,	brun sur blanc (Franklin).		2 50	1 »
542	5 id.	— bleuté (id.)		2 »	1 »
543	10 id.	noir (Washington).		» »	2 50

Timbre spécial à la ville de New-York, grande
dimension.

Nos				neufs.	oblitérés.
544	5 cents,	noir (Washington), pap. bl.	» »	5 »
545	5 id.	— papier bleuté.	» »	5 »

DEUXIÈME ÉMISSION.

Aigle volant, en haut U. S. P. O.,
grav. en taille-douce, oblong.

546	1 cent,	bleu.	» » » »

TROISIÈME ÉMISSION.

Courrier à cheval. LÉGENDE : *Government city*
dispatch, oblong, imprimés en couleur sur blanc.

547	1 cent,	noir.	» »	2 »
548	1 id.	rouge.	» »	» »

QUATRIÈME ÉMISSION.

Timbres rectangulaires, imprimés en couleur sur blanc,
effigies diverses.

549	1 cent,	bleu (Franklin).	» 25	» 10
550	3 id.	rouge (Washington).	» 40	» 10
551	5 id.	brun foncé (Jefferson).	» 60	» 10
552	10 id.	vert (Washington).	1 »	» 10
553	12 id.	noir (id.)	1 25	» 25
554	24 id.	lilas (id.)	2 »	» 50
555	30 id.	orange (Franklin).	2 50	» 50
556	90 id.	bleu (Whasington).	8 »	2 50

CINQUIÈME ÉMISSION.

*Les mêmes, en haut chiffres indiquant la valeur, en bas
la valeur en toutes lettres et les lettres U. S.*
Mêmes portraits, mais des entourages différents de
la série précédente.

N⁰ˢ				neufs.	oblitérés.
557	1 cent,		bleu.	» 10	» 05
558	2	id.	noir (portrait d'Adams).	» 25	» 10
559	3	id.	rose.	» 25	» 10
560	5	id.	brun foncé.	» 50	» 10
561	5	id.	brun clair.	» 50	» 10
562	10	id.	vert.	» 75	» 10
563	12	id.	noir,	» 75	» 10
564	24	id.	violet clair.	1 75	» 25
565	24	id.	violet foncé.	1 75	» 25
566	30	id.	orange.	2 25	» 25
567	90	id.	bleu.	6 50	1 50

Enveloppes.

PREMIERE ÉMISSION.

Effigie à gauche, ovales, imprimés en couleur,
grande dimension, papier blanc.

N⁰ˢ				neufs.	oblitérés.
568	3 cents,		vermillon.	2 »	» »
569	6	id.	vert clair.	2 »	» »
570	6	id.	rouge.	2 »	» »
571	10	id.	vert foncé.	2 50	» »

Les mêmes, papier jaune.

572	3 cents,		vermillon.	2 »	» »
573	6	id.	vert clair.	2 »	» »
574	6	id.	rouge	2 »	» »
575	10	id.	vert foncé.	2 50	» »

DEUXIÈME ÉMISSION.

Nom : U. S., effigie à gauche, petite dimension,
papier blanc.

Nos				neufs.	obliterés.		
576	1 cent,	bleu (effigie à droite).		1 »	» »		
577	3 id.	vermillon.		1 »	» »		
578	4 id.	rouge et bleu.		1 »	» »		

(Ce timbre est formé des timbres 1 c. et
3 c. imp. sur la même enveloppe).

579	6 cents,	rouge.		2 50	» »		
580	10 id.	vert.		2 50	» »		

Les mêmes, imprimés en couleur sur papier jaune.

581	1 cent,	bleu.		» 25	» »		
582	3 id.	vermillon.		» 50	» »		
583	4 id.	rouge et bleu.		» 75	» »		
584	6 id.	rouge.		2 50	» »		
585	10 id.	vert.		2 50	» »		

TROISIÈME ÉMISSION.

Nom : U. S., effigies en relief regardant à gauche, ovales,
imp. sur papier blanc.

586	2 cents,	brun noir (sexagone).		» »	» »		
587	3 id.	rose.		» 50	» 25		
588	6 id.	rose.		» 50	» »		
589	10 id.	vert.		1 »	» »		
590	12 id.	brun et rouge.		» »	» »		
591	20 id.	bleu et rouge.		» »	» »		
592	24 id.	vert et rouge.		» »	» »		
593	40 id.	noir et rouge.		» »	» »		

Les mêmes, imp. sur papier jaune.

594	2 cents,	brun noir.		» 25	» »		
595	3 id.	rose.		» 50	» 25		
596	6 id.	rose.		» 50	» »		
597	10 id.	vert.		1 »	» »		

N^{os}				neufs.		oblitérés.	
598	12 cents,	brun et rouge.		1	»	»	»
599	20 id.	bleu et rouge.		1 75	»	»	
600	24 id.	vert et rouge.		2 25	»	»	
601	40 id.	noir et rouge.		3 25	»	»	

Essais.

Nom : portrait de Washington à droite, ovale.

602	3 cents,	vermillon.		5	»	»	»
603	3 id.	vert.		»	»	»	»

Nom : portrait à gauche, valeur aux 4 coins.

604	12 id.	noir.		»	»	»	»

Essais de la 4e émission.

605	5 cents,	vert.		5	»	»	»
606	5 id.	brun olive.		5	»	»	»
607	5 id.	vermillon.		5	»	»	»
608	5 id.	brun très-clair.		2	»	»	»
609	5 id.	brun jaune.		2	»	»	»

Essais de la 5e émission.

610	1 cent,	bleu très-foncé, non dentelé.	1	»	»	»
611	2 cents,	vert.		3	»	»	»
612	2 id.	gris.		3	»	»	»
613	2 id.	vermillon.		3	»	»	»
614	2 id.	brun rouge.		3	»	»	»
615	2 id.	brun rouge clair.		3	»	»	»
616	2 id.	bleu violacé.		3	»	»	»
617	2 id.	bleu.		3	»	»	»
618	3 id.	brun, orn. différ. aux 4 coins.	3	»	»	»
619	24 id.	noir.		3	»	»	»
620	30 id.	noir.		3	»	»	»
621	90 id.	noir.		5	»	»	»
622	90 id.	vert.		5	»	»	»

Offices particuliers

DESSERVANT LES VILLES.

Adams express eagle post, petit oblong.

N^{os}		neufs.	oblitérés.

Nᵒˢ			neufs.	oblitérés.
623	rouge sur blanc.	» 25	»	»
624	noir sur bleu.	» 25	»	»
625	noir sur jaune.	» 25	»	»
626	noir sur blanc.	» 25	»	»
627	bleu sur blanc.	» 25	»	»
628	vert sur jaune (env. ronde).	» 50	»	»

American letter mail Cᵒ. (Aigle sur un rocher) 20 for a dollar.

629	noir sur blanc.	» 50	»	»

Avenue 8 th. post office, carré.

630	rouge sur blanc.	» 25	»	»

Blood's 28 South Sixth st. dispatch.

631	rouge sur blanc.	» 25	»	»
632	rouge sur fauve.	» 25	»	»

Bloods despatch one cent, petit timbre oblong.

633	noir sur bronze.	» 25	»	»

Bloods despatch paid. (Colombe) ovale.

634	noir sur or.	» 25	»	»
635	noir sur blanc.	» 25	»	»
636	noir sur vert.	» 25	»	»
637	noir sur vert (carré).	» 25	»	»

Bloods despatch stamps for Phil^a.

638	rouge sur jaune (env. ronde).	» 25	»	»

Bloods penny post Kochersperger and Cᵒ Phil^a. Portrait, carré.

639	noir sur blanc.	» 25	»	»

Le même portrait, ovale.

| N^{os} | | | neufs. | oblitérés. |

<table>
<tr><td>N^{os}</td><td></td><td></td><td>neufs.</td><td>oblitérés.</td></tr>
<tr><td>640</td><td></td><td>noir sur blanc.</td><td>»   »</td><td>» 25</td></tr>
</table>

Blood's penny post, Phil^a très-petit oblong.

641		bleu sur violet.	» 25	» »
642		bleu sur gris perle.	» 25	» »
643		doré sur blanc.	» 25	» »
644		doré sur indigo.	» 25	» »

Blood's post office despatch très-petit oblong.

| 645 | | indigo sur bronze. | » 25 | »   » |

D. O. Blood city dispatch (un homme enjambant d'une maison à une autre pardessus un monument, une pancarte sous son bras avec le mot. Paid. grand timbre carré.

| 646 | | noir sur blanc. | » 50 | »   » |

Le même ; le monument plus petit et avec le mot post.

| 647 | | noir sur blanc. | » 50 | »   » |

Le même sans le mot D. O. Blood.

| 648 | | noir sur blanc. | » 50 | »   » |

Boulon's city dispatch, (portrait) rect.

| 649 | 2 cents, | noir sur blanc. | » 25 | »   » |

Boyce's city express post, oblong.

| 650 | 2 cents, | noir sur vert. | » 25 | »   » |

Boyd's city express post, (aigle sur une sphère), imprimés en noir.

651	1 cent,	lilas.	» 25	» »
652	1 id.	bleu .	» 25	» »
653	1 id.	vert.	» 25	» »
654	1 id.	gris perle.	» 25	» »
655	2 id.	vert.	» 25	» »
656	2 id.	vermillon.	» 25	» »
657	3 id.	vert.	» 25	» »

3.

Les mêmes imprimés en couleur.

Nᵒˢ			neufs.	obliterés.

658	2 cents,	rouge.	» 25	» »
659	2 id.	or blanc.	» 25	» »
660	2 id.	or jaune.	» 25	» »
661	2 id.	doré sur rouge.	» 25	» »
662	2 id.	doré sur vert.	» 25	» »
663	2 id.	doré sur bleu.	» 25	» »

Bradway's dispatch (Millville), oblong.

| 664 | | doré sur bleu. | » 25 | » » |

Brady and Cᵒ (boîte aux lettres) rect.

| 665 | 1 cent, | rouge sur jaune. | » 25 | » » |

Brainard et Cᵒ 58 Wall. st. 20 for one doll. rond.

| 666 | | noir sur blanc. | » 50 | » » |
| 667 | | bleu sur blanc. | » 50 | » » |

Briggs paid dispatch , rect.

| 668 | | doré sur rose. | » 25 | » » |

Broadway post-office (locomotive), oblong.

| 669 | | noir sur blanc. | » 25 | » » |

Brooklyn city express post, (colombe) rect.

670	1 cent,	noir sur bleu.	» 25	» »
671	2 id.	noir sur rouge.	» 25	» »
672	2 id.	noir s. rouge sang.	» 25	» »
673	2 id.	noir sur rose.	» 25	» »

Carriers dispatch (un œil), oblong.

| 674 | 1 cent, | bleu sur blanc. | » 25 | » » |
| 675 | 1 id | rouge sur blanc. | » 25 | » » |

Carriers dispatch, portrait dans un ovale, étoiles
aux 4 coins rect.

| 676 | | bleu sur rouge. | » 25 | » » |

Carter's paid dispatch, très-petit oblong.

| 677 | | noir sur blanc. | » 25 | » » |

Central post office, rond, timbre à main.

| N^{os} | | | neufs. | obliterés. |

N^{os}			neufs.	oblitérés.
678	1 cent,	noir sur jaune.	» 25	» »
679	1 id.	noir sur chamois.	» 25	» »

Cheevert and Towle, city letter delivery, State st. rond.

| 680 | 2 cents, | bleu sur blanc. | » 25 | » » |
| 681 | 2 id. | rouge sur blanc. | » 25 | » » |

Chicago penny post, ruche au milieu, rect.

| 682 | | brun sur blanc. | » 25 | » » |

City dispatch delivery (femme tenant une balance), ovale.

| 683 | 1 cent, | noir sur blanc | » 25 | » » |

City dispatch post, (portrait lettres C. C. de chaque côté) rect.

| 684 | 2 cents, | noir sur vert. | 1 » | » » |
| 685 | 3 id. | brun rouge s. blanc. 1 » | » » |

City dispatch post, (portrait) rect.

686	2 cents,	vert sur blanc.	» 25	» »
687	2 id.	brun sur blanc.	» 25	» »
688	2 id.	noir sur blanc.	» 25	» »

City express post (chiffre), rect.

689	1 cent,	noir sur blanc.	» 25	» »
690	1 id.	bleu sur blanc.	» 25	» »
691	2 id.	noir sur blanc.	» 25	» »
692	2 id.	bleu sur blanc.	» 25	» »

City letter express mail (écusson).

| 693 | 1 cent, | rouge sur blanc. | » 25 | » » |

Clark and C° (boîte aux lettres), rect.

| 694 | | rouge sur blanc. | » 25 | » » |
| 695 | | bleu sur blanc. | » 25 | » » |

Clinton's penny post, Phil^a oblong.

| 696 | | noir sur blanc. | » 25 | » » |

Compagnie franco-américaine Gauthier frères et Cie, (vaisseau) oblong.

N^os			neufs.	oblitérés.
697		brun rouge sur blanc.	» »	» »

Cornwells P. O. (portrait), rect.

| 698 | | rouge sur blanc. | » 25 | » » |

Creesman and C^o penny post, Phil^a, oblong.

| 699 | | doré sur rose. | » 25 | » » |
| 700 | | doré sur indigo. | » 25 | » » |

Demings penny post, Frankford, très-petit oblong.

| 701 | | noir sur blanc. | » 25 | » » |

Dupuy and Schenck's penny post, (ruche) oblong.

| 702 | | noir sur gris. | » 25 | » » |

East river P. O. 18 Ave. D. (Vaisseau), oblong.

| 703 | | noir sur vert. | » 25 | » » |

Essex letter express Sx. (Vaisseau).

| 704 | 2 cents, | noir sur vermillon. | » 25 | » » |

Floyd's penny post, (portrait).

705		bleu sur blanc.	» 25	» »
706		noir sur blanc.	» 25	» »
707		vert sur blanc.	» 25	» »
708		rouge sur blanc.	» 25	» »
709		brun sur blanc.	» 25	» »

Gordon's city express (un facteur), rond.

| 710 | 2 cents, | noir sur vert. | » 25 | » » |
| 711 | 2 id. | noir sur blanc. | » 25 | » » |

Grafflins dispatch, Baltimore (une colonne).

| 712 | 1 cent, | noir sur blanc. | » 25 | » » |
| 713 | 1 id. | rouge sur blanc. | » 25 | » » |

Hale and C^o Boston 13 Court st., (lettres éparpillées). Octogones.

| 714 | | bleu sur blanc. | » 25 | » » |
| 715 | | rouge sur blanc. | » 25 | » » |

Les mêmes sans adresse indiquée.

N^{os}			neufs.	obliterés.

Nᵒˢ   neufs.   obliterés.

716   bleu sur blanc.   » 25   »   »

717   rouge sur blanc.   » 25   »   »

Hanford's pony express post (courrier), rond.

718   2 cents,   noir sur jaune.   » 25   »   »

Hanley's express post letter, stamp. Rect.

719   1 cent,   vert sur blanc.   » 25   »   »

720   1   id.   noir sur blanc.   ¦» 25   »   »

Harden's express Boston, New-Orleans. (Homme portant
des sacs de dépéches), rond.

721   noir sur blanc.   » 25   »   »

Honour's city post, petit oblong.

722   bleu sur blanc.   » 25   »   »

723   noir sur jaune.   » 25   »   »

Honour's penny post paid, petit oblong.

724   1 cent,   noir sur gris.   » 25   »   »

Hourly express post, letter, stamp, losange.

725   1 cent,   noir sur vert.   » 25   »   »

Hussey's bank and insurance special message post
50 William st., imprimé en couleur.

726   1 cent,   jaune.   » 25   »   »

727   1   id.   rouge.   » 25   »   »

728   1   id.   brun rouge.   » 25   »   »

729   1   id.   violet.   » 25   »   »

730   1   id.   vert.   » 25   »   »

731   1   id.   bleu.   » 25   »   »

732   1   id.   brun.   » 25   »   »

733   1   id.   noir.   » 25   »   »

Hussey's one stamp or cent each.

734   rouge sur blanc.   » 25   »   »

*Hussey's bank and insurance letter city post, 82 Broadway
(un coffre-fort).*

N^{os}			neufs.		oblitérés.	
735		rouge sur blanc.	» 25		»	»
736		noir sur blanc.	» 25		»	»

Les mêmes : 50 William st.

737		rose sur blanc.	» 25		»	»
738		noir sur blanc.	» 25		»	»

Le même, plus grand, en bas le mot : Basement.

739		rouge sur blanc.	» 25		»	»

*(Hussey's.) Bank and insurance notice delivery office
(un temple).*

740		bleu sur blanc.	» 25		»	»

Le même, 50 William st.

741		bleu sur blanc.	» 25		»	»

*Hussey's s. m. post, 50 William st., N. Y.
(Mercure sur un cheval galopant), carré.*

742	5 cents,	noir sur rouge.	» 50		»	»
743	10 id.		» 75		»	»
744	15 id.		1	»	»	»
745	25 id.		1 50		»	»

International letter express, oblong.

746	2 cents,	vermillon.	» 25		»	»
747	2 id. .	chair.	» 25		»	»

Jenkin's Camden dispatch (portrait). Rect.

748		brun pâle sur blanc.	» 25		»	»
749		noir sur blanc.	» 25		»	»

Johnson's to the P. O. every 2 hours, Phil^a. (Ecusson.)

750		noir sur blanc.	» 25		»	»

*Letter express free, 20 for a dollar
(femme assise sur des ballots de marchandises), ovale.*

751		noir sur blanc.	» 25		»	»

Mc Intires city express post (Mercure). Rect.

N°ˢ			neufs.	obliterés
752	2 cent,	rose sur blanc.	» 50	» »

Mc Robish. (Bateau à vapeur dans un cercle). Rect.

| 753 | 1 réal, | rose sur blanc. | 3 » | » » |
| 754 | 1 id. | bleu sur blanc. | 3 » | » » |

Messenkope's union square P. O. (jet d'eau).

| 755 | | noir sur vert. | » 25 | » » |

Metropolitan 13 american Bible house N. Y., W^m
H. Laws proprietor, imprimé en relief, à pans coupés.

756		rouge sur blanc.	» 25	» »
757		bleu sur blanc.	» 25	» »
758		brun sur blanc.	» 25	» »

Kers city post.

| 759 | 5 cents, | bleu portrait, rect. | » 25 | » » |
| 760 | 1 penny, | noir sur bleu cl., obl. | » 25 | » » |

Metropolitan P. O. express to mail Wm *H. Laws P. M.*
écusson en relief.

| 761 | 1 cent, | rouge sur blanc. | » 25 | » » |
| 762 | 1 id. | bleu sur blanc. | » 25 | » » |

Metropolitan Errand and Carrier express C°
(grand écusson).

763	1 cent,	bleu.	» 25	» »
764	5 cents,	id.	» 50	» »
765	10 id.	id.	» 75	» »
766	20 id.	id.	1 25	» »
767	1 cent,	brique.	» 25	» »
768	5 cents,	id.	» 50	» »
769	10 id.	id.	» 75	» »
770	20 id.	id.	1 25	» »
771	2 id.	id. (chiffre en rel.)	» 25	» »

Mill's free dispatch post. Rect.

| 772 | | noir sur vert. | » 25 | » » |

Moody's penny dispatch, Chicago, oblong.

			neufs.	oblitérés.
Nᵒˢ				
773		noir sur vermillon.	» 25	» »

Newburg american express Cᵒ (drapeau).

| 774 | | bleu et rouge. | » 25 | » » |

New Jersey express Cᵒ (téte de cheval en relief),
envel. ovale.

| 775 | | vert sur jaune. | » 50 | » » |

Penny post paid, rond, timbre à main.

| 776 | | rouge sur blanc. | » 25 | » » |

Pomeroy's letter express. Rect. (Portrait de femme.)

| 777 | | noir sur blanc. | » 50 | » » |
| 778 | | noir sur jaune. | » 50 | » » |

Post office dispatch, oblong.

779	1 cent,	rouge.	» 25	» »
780	1 id.	brun.	» 25	» »
781	1 id.	bleu.	» 25	» »

Price's city express post (portrait), ovale,
grande dimension.

| 782 | 2 cents, | noir sur vert. | » 25 | » » |
| 783 | 2 id. | noir sur vermillon.| » 25 | » » |

Les mémes, petite dimension.

| 784 | 2 cents, | noir sur vert. | » 25 | » » |
| 785 | 2 id. | noir sur vermillon.| » 25 | » » |

Priest's paid despatch, oblong.

786		noir sur vert.	» 25	» »
787		noir sur jaune.	» 25	» »
788		noir sur rose.	» 25	» »

Roadman's penny post, oblong.

| 789 | | rouge sur blanc. | » 25 | » » |

Robison and Cᵒˢ dispatch, oblong.

| 790 | 1 cent, | noir sur bleu clair.| » 25 | » » |
| 791 | 1 id. | rouge sur vert. | » 25 | » » |

Russell's post office, (portrait), octogone.

Nos			neufs.		oblitérés.
792		noir sur jaune.	» 25	»	»
793		noir sur vert.	» 25	»	»
794		noir sur rose.	» 25	»	»
795		noir sur gris.	» 25	»	»

Les mêmes, rectangulaires.

796		vert foncé sur vert pâle.	» 25	»	»
797		rouge sur rose.	» 25	»	»

Smith's city express post, oblong.

798	2 cents,	noir sur rouge.	» 25	»	»
799	2 id.	noir sur vert.	» 25	»	»

Spence et Brown's express post paid (cheval courant),
octogone.

800		noir sur blanc.	» 25	»	»

Squier and Cᵒˢ city letter dispatch (colombe). Rect.

801	1 cent,	rose sur blanc.	» 25	»	»
802	1 id.	vert sur blanc.	» 25	»	»
803	2 cents,	rose sur blanc.	» 25	»	»
804	2 id.	brun sur blanc.	» 25	»	»
805	2 id.	violet sur blanc.	» 25	»	»
806	2 id.	vert sur blanc	» 25	»	»

Stait .and Cᵒˢ eagle city post, oblong

807		noir sur jaune.	» 25	»	».

Staten Island paid express post, oblong.

808	3 cents,	rouge sur blanc.	» 25	»	»

Steinmeyer's city post paid (très-petit oblong).

809	2 cents,	noir sur rose.	» 25	»	»
810	2 id.	noir sur jaune.	» 55	»	»
811	2 id.	noir sur vert.	» 25	»	»
812	2 id.	noir sur bleu clair.	» 25	»	»

Stringers and Morton's city dispatch, oblong.

Nᵒˢ			neufs.	oblitérés.
813		noir sur brun.	» 25	» »

Swart's city dispatch post (portrait). Rect.

814		brun sur blanc.	» 25	» »
815		rouge sur blanc.	» 25	» »
816		noir sur blanc.	» 25	» »

Swart's for U. S. mail prepaid, carré.

817	1 cent,	bleu sur blanc.	» 25	» »

Swart's Rough and Ready city dispatch post (portrait).

818		brun rouge sur blanc.	» 25	» »

Teese and Cᵒˢ penny post, Philadᵃ. (très-petit, oblong).

819		bleu sur gris.	» 25	» »

(Thompson et Cᵒˢ), american express, oblong.

820		noir sur vert.	» 25	» »

Union square P. O. city dispatch (écusson).

821	1 cent,	vert.	» 25	» »
822	1 id.	rose.	» 25	» »

U. S. Mail prepaid, rond, timbre à main.

823	1 cent,	noir sur jaune.	» 25	» »
824	1 id.	noir sur chamois.	» 25	» »
825	1 id.	noir sur rouge.	» 25	» »

U. S. P. O. paid, petit oblong.

826	1 cent,	bleu sur blanc.	» 25	» »
827	1 id.	doré sur indigo.	» 25	» »

U. S. P. O. paid L. 1 cent. P., petit oblong.

828		noir sur rose.	» 25	» »

Warwicks city dispatch post. Rect.

829	2 cents,	noir sur rouge.	» 25	» »
830	2 id.	noir sur jaune.	» 25	» »
831	2 id.	noir sur jaune (plus gr.)	» 25	» »

N°⁵			neufs.		oblitérés.	
832	2 cents,	rouge sur blanc.	» 25		»	»
833	2 id.	rouge sur blanc.	» 50		»	»

Washington city dispatch, Courrier.

834	1 cent,	rouge sur blanc.	» 25		»	»
835	1 id.	violet sur blanc.	» 25		»	»
836	1 id.	brun sur blanc.	» 25		»	»

Le même, sans le mot Washington.

| 837 | 1 cent, | rouge sur blanc. | » 25 | | » | » |

*Well's Fargo and Cᵒ 1/2 ounce paid from Sᵗ Joseph
to Placerville. Enveloppe.*

| 838 | | rouge sur blanc. | » 50 | | » | » |
| 839 | | bleu sur blanc. | » 50 | | » | » |

Well's Fargo and Cᵒ, écusson.

| 840 | 1/2 oz, 1 dollar, | bleu sur blanc. | » 50 | | » | » |

Well's Fargo paid express one newspaper, oblong.

| 841 | | bleu sur blanc. | » 50 | | » | » |

*Wells Fargo and Cᵒ paid express, to be dropped
in New-York P. O., oblong.*

| 842 | | noir sur blanc. | » 50 | | » | » |

*Wells Fargo and Cᵒ pony express. (Courrier à cheval),
imprimé en couleur. Rect.*

843	10 cents,	brun.	1	»	»	»
844	1 dollar,	rouge.	2	50	»	»
845	2 dollars,	vert.	3	50	»	»
846	2 id.	rose.	»	»	»	»
847	2 id.	noir.	»	»	»	»
848	4 id.	noir.	5	»	»	»
649	4 id.	vert.	»	»	»	»

West town Stage dispatch. Rect.

850		doré sur blanc.	» 50		»	»
851		rouge sur blanc.	» 50		»	»
852		vermill. sur blanc.	» 50		»	»

Wiltteleys express (portrait). Rect.

N^{os}			neufs.	oblitérés.

853   2 cents,   rouge sur blanc.   » 25   »   »

Wyman 8 Court st. and 3 Wall. st., 20 for a dollar (un convoi), oblong.

854   noir sur blanc.   » 25   »   »

Winan's city post (une bombe jetant de la fumée), carré.

855   2 cents,   noir sur blanc.   » 25   »   »
856   5   id.   noir sur jaune.   » 50   »   »
857   10   id.   noir sur vert.   » 75   »   »
858   20   id.   noir sur rouge.   1 25   »   »

FINLANDE.

PREMIÈRE ÉMISSION.

Armoiries, imprimés en couleur sur blanc, ovales.

N^{os}   neufs. obitérés.
859   5 kopecks,   bleu.   1 50   »   »
860   10   id.   rose.   2   »   »   »

DEUXIÈME ÉMISSION.

Armes : Ecusson couronné, avec un lion tenant un glaive dans un ovale, imprimés en couleur sur papier teinté de la même couleur que les timbres, dentelés.

861   5 kopecks,   bleu.   » 50   »   »
862   10   id.   rose.   1   »   »   »

Enveloppes.

PREMIÈRE ÉMISSION.

Armoiries, imprimés en couleur sur blanc.

Légende : *Porto Stempel, ovales en hauteur.*

Nᵒˢ				neufs.	oblitérés.
863	10 kopecks,	rose.		» »	» »
864	20 id.	noir.		» »	» »

DEUXIÈME ÉMISSION.

Armoiries, imprimés en couleur sur blanc, ovales en largeur.

865	5 kopecks,	bleu.		» »	1 50
866	10 id.	rose.		» »	2 »
867	20 id.	noir.		» »	» »

TROISIÈME ÉMISSION.

Armoiries, imprimés en couleur sur blanc, rectangulaires

868	5 kopecks,	bleu.	» 50	» »
869	10 id.	rose.	1 »	» »
870	5 id.	bleu.	» »	» »

Pour cette dernière enveloppe on a utilisé l'ancienne enveloppe de 5 kopecks, imprimée sur le dos et oblitérée, sur le coin de laquelle on a imprimé le timbre actuel.

FRANCE.

République. *Tête de la liberté regardant à gauche, dans un rond.* 1848, 1849, 1850.

Nᵒˢ				neufs.	oblitérés.
871	10 cent.	bistre.		» 50	» »
872	15 id.	vert.		» 50	» »
873	20 id.	noir.		» 10	» »

Nos				neufs.	oblitérés.
874	25 cent.	bleu clair.		» »	» 10
875	25 id.	bleu foncé.		» 10	» »
876	40 id.	orange.		» »	» 50
877	1 franc,	carmin vif.		» »	» 50
878	1 id.	carmin pâle.		» »	» 50
879	1 id.	orange foncé.		» »	». »

PRÉSIDENCE. *Effigie du prince président Louis-Napoléon Bonaparte*, 1852.

880	10 cent.	bistre.		» »	» 50
881	25 id.	bleu.		» »	» 15

EMPIRE.

Effigie de l'empereur Napoléon III regardant à gauche, 1853 à 1862.

882	1 cent.	vert olive.		» 5	» »
883	2 id.	br. r. (tête laurée).		» 5	» »
884	4 id.	gris perle, id.		» 5	» »
885	5 id.	vert clair.		» 5	» »
886	5 id.	vert foncé.		» 50	» »
887	10 id.	jaune bistre.		» 25	» »
888	10 id.	bistre.		» 10	» »
889	20 id.	bleu foncé,		» 25	» »
890	20 id.	bleu.		» 20	» »
891	25 id.	bleu.		» 25	» »
892	40 id.	vermillon.		» 40	» »
893	80 cent.	carmin pâle.		» 50	» »
894	80 id.	rose.		» 80	» »
895	80 id.	carmin.		» 50	» »
896	1 franc,	carmin foncé.		1 25	» »

Chiffre taxe, imprimé en noir sur blanc.

Ce timbre sert pour les lettres non affranchies dans un bureau de poste et distribuables dans la circonscription de ce même bureau. (Paris est excepté de cette mesure).

897	10 centimes à percevoir,	lithog.		» »	» »
898	10 id.	typog.		» 25	» »
99	15 id.	typog.		» 25	» »

COLONIES FRANÇAISES.

Aigle couronné, ailes déployées, imprimés en couleur
sur blanc, carré.

N°ˢ				neufs.		oblitérés.	
900	1 cent.	vert olive.	» 10	»	»
901	2 id.		»	»	»	»
902	4 id.		»	»	»	»
903	5 id.	vert clair.	» 15	»	»
904	10 id.	bistre.	» 25	»	»
905	20 id.		»	»	»	»
906	40 id.	vermillon.	» 60	» 25
907	80 id.		»	»	»	»

NOUVELLE CALÉDONIE.

Effigie de l'Empereur Napoléon III à gauche, lithographié.
LÉGENDE : *Nouvelle Calédonie.*

908	10 id.	gris foncé.	»	»	» »

RÉUNION (île de la).

LÉGENDE : *Ile de la Réunion, timbre-poste, typogr.*

909	15 cent. noir sur gris. (Marguerite).	»	»	» »
910	30 id. noir sur vert (fil. entrelacés).	»	»	» »

Essais.

RÉPUBLIQUE.

Tête de la liberté.

911	10 cent.	vert.	»	»	»	»
912	15 id.	bistre.	»	»	»	»
913	20 id.	bleu.	»	»	»	»
914	20 id.	orange.	»	»	»	»
915	1 franc,	vert bouteille.	»	»	»	»
916	1 id.	noir.	»	»	»	»
917	1 id.	groseille.	»	»	»	»
918	1 id.	vert.	»	»	»	»

Les mêmes, avec date de 1858.

Nᵒˢ			neufs.		obiltérés.	
919		jaune.	»	»	»	»
920		vert.	»	»	»	»
921		noir.	»	»	»	»
922		bleu.	»	»	»	»

Les mêmes, date et nom supprimés.

| 923 | | rose. | » | » | » | » |
| 924 | | bleu. | » | » | » | » |

EMPIRE.

Effigie à gauche de l'Empereur.

925	1 cent.	gris perle.	»	»	»	»
926	1 id.	brun rouge sur bl.	»	»	»	»
927	1 id.	vert olive sur brun.	»	»	»	»
928	2 id.	noir (tête laurée).	»	»	»	»
929	2 id.	br. non dent. id.	»	»	»	»
930	4 id.	noir (tête laurée).	»	»	»	»
931	5 id.	bleu clair.	»	»	»	»

COLONIES.

932	10 cent.	noir.	»	»	»	»
933	10 id.	rouge.	»	»	»	»
934	10 id.	vermillon.	»	»	»	»

Chiffre taxe.

| 935 | 10 cent. | oblong. | » | » | » | » |
| 936 | 10 id. | grand carré. | » | » | » | » |

GRANDE-BRETAGNE.

PREMIÈRE ÉMISSION.

Effigie de la reine Victoria, imprimés en noir sur papier blanc, ornements aux coins supérieurs.

Nᵒˢ   neufs.. oblitérés.

937   1 penny, noir (lett. V. R. aux coins sup.) » »   » »

938   1   id.   noir (ornem. aux coins sup.) » »   » 50

DEUXIÈME ÉMISSION.

Mêmes timbres.

939   1 penny, rouge brique, papier blanc. » »   » 25

940   1   id.   bleu, pap. bl., sans ligne blanche.
                 au-dessous du mot postage. » »   » 50

TROISIÈME ÉMISSION.

941   1 penny, rouge brique, papier bleuté. » »   » 25

942   2 pence, bleu, pap. bl. lignes blanches
                 au-dessous du mot postage. » »   » 25

943   2   id.   bleu, pap. bleuté, lignes bl.
                 au-dessous du mot postage. » »   2 »

QUATRIÈME ÉMISSION.

944   1 penny, rouge (ornem. aux coins sup. » 10   » 5

945   2 pence, bl., 1857 (lett. aux coins sup. » »   » 50

946   2   id.   bl., 1858,   id.   » »   » 50

947   2   id.   bl., 1859,   id.   » »   » 50

948   2   id.   bl., sans date,   id.   » 15   » 5

Ces trois émissions se reconnaissent à un petit chiffre 7, 8, 9, placé dans les ornements de chaque côté du timbre.

4

*Timbres octogones, portrait de la reine Victoria à gauche,
relief blanc, fil de soie traversant la pâte du papier.*

N^{os}			neufs.	obliterés.
949	6 pence, violet.		» »	» 25
950	10 id. brun.		» »	» 25
951	1 shilling, vert.		» »	» 25

CINQUIÈME ÉMISSION.

Effigie à gauche de la reine Victoria, imprimés en couleur
sur papier glacé, ornements dans les coins.

952	4 pence, rose.	» »	» 5
953	6 id. violet.	» »	» 5
954	1 shilling. vert.	» »	» 10

SIXIÈME ÉMISSION.

Mêmes timbres, avec lettres aux 4 coins.

955	3 pence, rose.	» 50	» 10
956	4 id. vermillon.	» 60	» 5
957	6 id. violet.	» 75	» 5
958	9 id. bistre clair.	1 25	» 25
959	1 shilling, vert.	1 50	» 10

Enveloppes.

PREMIÈRE ÉMISSION.

Vignette sur toute l'enveloppe, gravée par Mulready,
imprimée en couleur sur blanc.

960	1 penny, noir (forme d'enveloppe).	» »	5 »
961	1 id. noir (forme carrée).	» »	5 »
962	2 pence, bleu (forme d'enveloppe).	5 »	» »
963	2 id. bleu (forme carrée).	» »	5 »

DEUXIÈME ÉMISSION.

Portrait de la reine Victoria à gauche, imprimés en couleur
sur blanc, ovales, fils traversant l'enveloppe.

N^os		neufs.	oblitérés.
964	1 penny, rose.	1 »	» 25
965	2 pence, bleu.	1 50	» 50

TROISIÈME ÉMISSION.

Les mêmes, millésime indiqué, papier blanc (formes diverses.

966	1 penny, rose, ovale	» 25	» 15
967	2 pence, bleu, ovale.	» 50	» »
968	3 id. rouge, trilobée.	» 60	» 50
969	4 id. vermillon, ronde.	» 75	» 50
970	6 id. violet, octogone.	1 »	» 75
971	1 shilling, vert, octogone.	1 75	» 75

Les mêmes, papier bleuté.

972	1 penny, rose.	» 25	» 15
973	2 pence, bleu.	» 50	» 50
974	3 id. rouge.	» 60	» 50
975	4 id. vermillon.	» 75	» 50
976	6 id. violet.	1 »	» 75
977	1 shilling, vert.	1 75	» 75

Essais.

Timbres.

978	1 penny, 1/2 oz, guillochage, r. et bleu.	» »	» »
979	1 id. id. id. r. et vert.	» »	» »
980	1 id. brun, un coin enlevé.	» »	» »
981	1 id. jaune.	» »	» »
982	3 pence, rose (différence de grav. avec le timb. en usage)	» »	» »
983	3 half pence, rouge, rectangulaire.	» »	» »

Enveloppes.

N^{os}			neufs.		obiltérés.	

N^{os}			neufs.		oblitérés.	
984	1 penny,	bistre, London district post, lett. V. R. aux c. »	»	»	»
985	2 pence,	vert, London district post, lett. V. R. aux c. »	»	»	»
986	1 penny, 1/2 oz, bleu, effigie de la reine. »	»	»	»
987	1 id. id. noir.	»	»	»	»
988	1 id. id. brun.	»	»	»	»
989	3 half pence, id.	»	»	»	»
990	6 pence, lilas.	»	»	»	»
991	Paid valeur non indiquée, vert.	»	»	»	»
992	id. id. noir.	»	»	»	»

GRÈCE.

Tête de Mercure à droite, rect.

LÉGENDE : EΛΛ ΓΡΑΜΜ, imprimés en couleur.

PREMIÈRE ÉMISSION.

(Timbres imprimés à la monnaie de Paris).

N^{os}			neufs.			
993	1 lept.,	chocolat foncé.	»	»	»	»
994	2 id.	bistre foncé.	»	»	»	»
995	5 id.	vert.	»	»	»	»
996	10 id.	rouille sur pap. bleuté.	»	»	»	»
997	20 id.	bleu.	»	»	»	»
998	40 id.	violet sur pap. bleuté.	»	»	»	»
999	80 id.	carmin.	»	»	»	»

DEUXIÈME ÉMISSION.

(Timbres imprimés en Grèce).

N°s				neufs.	obitérés
1000	1 lept ,	chocolat.		» 10	» »
1001	2 id.	bistre.		» 15	» »
1002	5 id.	vert.		» 25	» »
1003	10 id.	rouille sur pap. bleuté.		» 25	» »
1004	20 id.	bleu.		» 50	» »
1005	40 id.	violet sur pap. bleuté.		» 75	» »
1006	80 id.	carmin		1 »	» »

Au revers de ces cinq derniers timbres se trouvent d's chiffres indiquant la valeur, ce qui n'existe pas dans le tirage de Paris, qui, du reste, se reconnait très-bien à la beauté de l'impression.

Essais.

			neufs.		oblitérés	
1007	1 lept.,	noir.	»	»	»	»
1008	20 id.	indigo,	»	»	»	»
1009	40 id.	rose sur papier blanc.	»		»	»

GRENADE (île de) possession anglaise.

Effigie de la reine Victoria, à droite, imprimés en couleur sur blanc.

N°s			neufs.	oblitéres.
1010	1 penny,	vert.	» 25	» »
1011	6 pence,	rouge.	1 25	» »

GUYANE ANGLAISE.

PREMIÈRE ÉMISSION.

Légende : *British Guiana,* imprimés en noir sur papier de couleur.

Valeur indiquée au centre du timbre, *ovales.*

4.

N°*				neufs.	obitérés.
1012	4 cents,	jaune.		» »	» »
1013	8 id.	vert.		» »	» »
1014	12 id.	bleu.		» »	» »

DEUXIÈME ÉMISSION.

LÉGENDE : *British Guiana.*

Vaisseau au centre d'un écusson, valeur indiquée au bas.

DEVISE : *Damus patimus que vicissim*, imprimés en noir
sur papier de couleur.

1015	1 cent,	rouge.	» »	» »
1016	4 id.	bleu.	» »	» »
1017	4 id.	carmin.	» »	» »

TROISIÈME ÉMISSION.

Vaisseau.

LÉGENDE : *British Guiana*, imprimés en couleur sur blanc,
avec la date de 1853.

1018	1 cent,	rouge.	» »	2 »
1019	4 id.	bleu.	» »	2 »

QUATRIÈME ÉMISSION.

Les mêmes, avec date de 1860.

1020	1 cent,	rose.	» »	» 50
1021	1 id.	rouge.	» »	» 50
1022	1 id.	brun.	» 25	» 50
1023	1 id.	noir,	» 25	» »
1024	2 id.	orange,	» 50	» »
1025	4 id.	bleu.	1 »	» »
1026	8 id.	rose.	1 »	» »
1027	12 id.	gris perle.	1 25	» »
1028	24 id.	vert.	2 »	» »

L'administration des postes de la Guyane s'étant trouvée manquer de
timbres-poste, émit provisoirement les suivants, qui furent supprimés
aussitôt l'arrivée des timbres habituellement en usage.

N^{os}					neufs.	oblitérés.		
1029	1 cent, rose, encadrement	vignette.	1	»	»	»
1030	2 id. jaune, id.	id.	1	»	»	»
1031	2 id. id. id.	perlé.	1	»	»	»
1032	2 id. id. id.	de trèfles.	1	»	»	»
1033	4 id. bleu, id.	vignette.	1	»	»	»
1034	4 id. id. id.	trèfle.	1	»	»	»

CINQUIÈME ÉMISSION.

Vaisseau à la voile dans un cercle, nom B. Guiana,
1863 aux coins.

1035	1 cent,		»	»	»	»
1036	2 id.		»	»	»	»
1037	4 id.		»	»	»	»
1038	6 id.	rose.	1	»	»	»
1039	8 id.		»	»	»	»
1040	12 id.		»	»	»	»
1041	24 id.	vert.	2	»	»	»
1042	48 id.	bleu clair.	4	»	»	»

Essais.

1043	1853	1 cent,	noir.	»	»	»	»
1044		4 id.	noir.	»	»	»	»

HAMBOURG, l'une des villes hanséatiques.

Armes trois tours, le chiffre indicatif de la valeur au milieu,
imprimés en couleur sur blanc.

N^{os}			neufs.		oblitérés.	
1045	1/2 schilling,	noir.	» 25	»	»
1046	1 id.	chocolat.	» 25	»	»
1047	2 schillings,	rouge.	» 50	»	»
1048	3 id.	bleu.	» 50	»	»
1049	4 id.	vert.	» 75	»	»
1050	7 id.	orange.	1 »	»	»
1051	9 id.	jaune.	1 25	»	»

INSTITUT HAMBURGER BOTEN.

Nᵒˢ				neufs.	oblitérés.

(C. Hamer.)

Nᵒˢ				neufs.	oblitérés.
1052	1/2 schilling,	rose.	» 25	» »
1053	1/2 id.	bleu.	» 25	» »
1054	1/2 id.	vert d'eau.	» 25	» »
1055	1/2 id.	vert foncé.	» 25	» »
1056	1/2 id.	paille.	» 25	» »
1057	1/2 id.	jaune.	» 25	» »
1058	1/2 id.	orange.	» 25	» »
1059	1/2 id.	gris.	» 25	» »

Enveloppes.

Timbre rond.

1060	1/2 schilling.	rouge sur blanc »	»	» »
1061	1/2 id.	rouge sur jaune.»	»	» »

H. Scheerenbeck.

Trois tours sur une forteresse, imprimés en noir sur couleur, Octobre 1862, valeur non indiquée.

1062	rose.	» 25	» »
1063	rose pâle.	» 25	» »
1064	jaune.	» 25	» »
1065	jaune clair.	» 25	» »
1066	chamois.	» 25	» »
1067	chair.	» 25	» »
1068	lilas.	» 25	» »
1069	brun.	» 25	» »
1070	brun clair.	» 25	» »
1071	vert.	» 25	» »
1072	bleu.	» 25	» »
1073	gris vert.	» 25	» »

H. Scheerenbeck.

Un facteur, valeur non indiquée.

1074	rose.	» 25	» »
1075	jaune.	» 25	» »

N^{os}			neufs.	oblitérés.
1076		· jaune foncé.	» 25	» »
1077		brun clair.	» 25	» »
1078		chair.	» 25	» »
1079		bleu.	» 25	» »
1080		bleu clair.	» 25	» »
1081		violet.	» 25	» »
1082		vert.	» 25	» »
1083		gris.	» 25	» »

H. Scheerenbeck.

6 *vereinigte corporation*, grand chiffre
au milieu du timbre.

1084	1/2 schilling,	rose.	» 25	» »
1085	1/2 id.	jaune.	» 25	» »
1086	1/2 id.	bleu clair	» 25	» »
1087	1/2 id.	bleu foncé.	» 25	» »
1088	1/2 id.	chamois.	» 25	» »
1089	1/2 id.	pensée.	» 25	» »
1090	1/2 schilling,	violet clair.	» 25	» »
1091	1/2 id.	brun.	» 25	» »
1092	1/2 id.	vert.	» 25	» »
1093	1 id.	rose.	» 25	» »
1094	1 id.	jaune.	» 25	» »
1095	1 id.	bleu clair.	» 25	» »
1096	1 id.	bleu foncé.	» 25	» »
1097	1 id.	chamois.	» 25	» »
1098	1 id.	pensée.	» 25	» »
1099	1 id.	violet clair.	» 25	» »
1100	1 id.	violet foncé.	» 25	» »
1101	1 id.	brun.	» 25	» »
1102	1 id.	vert.	» 25	» »

V. KRANTZ.

Un facteur, valeur indiquée sur les côtés, imprimés
en noir sur papier de couleur.

1103	1/2 schilling,	vert clair.	» 25	» »
1104	1/2 id.	vert foncé.	» 25	» »

Nᵒˢ				neufs.	obl	itérés.
1105	1/2	schilling,	bleu clair.	» 25	»	»
1106	1/2	id.	bleu foncé.	» 25	»	»
1107	1/2	id.	jaune.	» 25	»	»
1108	1/2	id.	brun clair.	» 25	»	»
1109	1/2	id.	violet.	» 25	»	»
1110	1/2	id.	rose.	» 25	»	»
1111	1/2	id.	chamois.	» 25	»	»
1112	1/2	id.	gris.	» 25	»	»
1113	1	id.	vert clair.	» 25	»	»
1114	1	id.	vert foncé.	» 25	»	»
1115	1	id.	bleu clair.	» 25	»	»
1116	1	id.	bleu foncé.	» 25	»	»
1117	1	id.	jaune.	» 25	»	»
1118	1	id.	brun clair.	» 25	»	»
1119	5	id.	violet.	» 25	»	»
1120	1	id.	rose.	» 25	»	»
1121	1	id.	chamois.	» 25	»	»
1122	1	id.	gris.	» 25	»	»

Les mêmes, imprimés en couleur sur papier blanc.

Nᵒˢ				neufs.	obl	itérés.
1123	1/2	schilling,	vert.	» 25	»	»
1124	1/2	id.	ocre.	» 25	»	»
1125	1/2	id.	bleu.	» 25	»	»
1126	1/2	id.	brun rouge.	» 25	»	»
1127	1/2	id.	violet.	» 25	»	»
1128	1	id.	vert.	» 25	»	»
1129	1	id.	ocre.	» 25	»	»
1130	1	id.	bleu.	» 25	»	»
1131	1	id.	brun rouge.	» 25	»	»
1132	1	id.	violet.	» 25	»	»

V. Krantz, hamonia , déesse assise, imprimés
en or sur couleur.

Nᵒˢ				neufs.	obl	itérés.
1133	1	schilling,	or jaune sur blanc.	» 25	»	»
1134	1	id.	or vert sur blanc.	» 25	»	»
1135	1	id.	or citron sur blanc.	» 25	»	»
1136	1	id.	bronze sur blanc.	» 25	»	»
1137	1	id.	argent sur noir.	» 25	»	»
1138	1	id.	— sur vert foncé.	» 25	»	»

N°°				neufs.	obltérés.
1139	1 schilling,	argent sur brun.	» 25	»	»
1140	1 id.	— sur rose.	» 25	»	»
1141	1 id.	— s. brun rouge.	» 25	»	»
1142	1 id.	— sur bleu foncé.	» 25	»	»
1143	2 id.	or jaune sur blanc.	» 30	»	»
1144	2 id.	or vert sur blanc.	» 30	»	»
1145	2 id.	or citron sur blanc.	» 30	»	»
1146	2 id.	or sur noir.	» 30	»	»
1147	2 id.	or sur vert clair.	» 30	»	»
1148	2 id.	or sur brun.	» 30	»	»
1149	2 id.	or sur rouge.	» 30	»	»
1150	2 id.	or sur bleu clair.	» 30	»	»
1151	2 id.	or sur bleu foncé.	» 30	»	»

Essais.

1152	1 schilling,	brun, carré.	»	»	»	»
1153	1 schilling,	noir, rect.	»	»	»	»
1154	2 id.	— —	»	»	»	»
1155	3 id.	— —	»	»	»	»
1156	4 id.	— —	»	»	»	»
1157	7 id.	— —	»	»	»	»
1158	9 id.	— —	»	»	»	»

Ces six derniers pareils aux timbres indiqués sous les
numéros 1045 à 1051.

HANOVRE.

PREMIÈRE ÉMISSION.

Armes, valeur dans un écusson.

Légende : *Hannover franco*, imprimés en noir
sur papier de couleur.

N°°				neufs.	oblitérés.
1159	1 gutengroschen,	bleu.	» »	1 50
1160	1 id.	vert.	1 »	» 50
1161	1/30 thaler,	rose foncé.	1 »	» 50
1162	1/30 id.	rose pâle.	» »	» 50
1163	1/15 id.	bleu.	1 »	» 50
1164	1/10 id.	orange.	1 50	» 25

DEUXIÈME ÉMISSION.

Les mêmes timbres, imprimés en noir sur papier blanc,
fond burelé en couleur.

N^{os}				neufs.	obliérés.
1165	3 pfenige,	rose.		1 50	» 75.
1166	1 gutengroschen,	vert.		1 »	» 25
1167	1/30 thaler,	rouge.		1 »	» 50
1168	1/15 id.	bleu.		1 »	» 50
1169	1/10 id.	orange (p. burelé).		1 »	» 50
1170	1/10 id.	id. (gr. burelé).		1 »	» 50

TROISIÈME ÉMISSION.

Effigie du roi Georges, à gauche.

LÉGENDE : *Hannover*, imprimés en couleur sur blanc.

1171	1 groschen,	rose.	» 25	» 10
1172	2 id.	bleu.	» 40	» 10
1173	3 id.	jaune.	» »	» 25
1174	3 id.	bistre.	» 60	» 10
1175	10 id.	vert.	2 »	» »

Cor de chasse surmonté d'une couronne.

1176	1/2 groschen,	noir.	» 15	» »

Chiffre couronné. LÉGENDE : *Hannover.*

1177	3 pfenige,	rose.	» 10	» »

Enveloppes.

PREMIÈRE ÉMISSION.

Nom, portrait de Georges V, à gauche, en relief,
imp. coul. ovales, imp. à gauche de l'enveloppe, chiffre
indiquant la valeur au bas du timbre.

1178	1 gutengroschen,	vert.	» 50	» »
1179	1 silbergroschen,	rose.	1 »	» »
1180	2 id.	bleu.	1 »	» »
1181	3 id.	jaune.	1 25	» »

DEUXIÈME ÉMISSION.

Les mêmes timbres, imprimés à droite de l'enveloppe.

Nos				neufs.	oblitérés.
1182	1 gutengroschen,	vert.		» »	» »
1183	1 silbergroschen,	rose.		» »	» »
1184	2	id.	bleu.	» »	» »
1185	3	id.	jaune.	» »	» »

TROISIÈME ÉMISSION.

Les mêmes chiffres indiquant la valeur sur les côtés
du timbre.

1186	1 gutengroschen,	rose.	» 25	» »
1187	2	id.	bleu.	» 50	» »
1188	3	id.	jaune.	1 »	» »
1189	3	id.	bistre.	» 60	» »

Enveloppes

POUR LA VILLE DE HANOVRE.

PREMIÈRE ÉMISSION.

Trèfle, imp. en relief sur papier jaune.

Légende : *Bestellgeld frei*, sans valeur indiquée.

1190		vert sur jaune.	» 50	» »

DEUXIÈME ÉMISSION.

Les mêmes, Cheval courant.

1191	(Imp. à gauche),	vert sur jaune.	» »	» »
1192	(Imp. à droite),	vert sur jaune.	» 25	» »

HAWAIEN (Royaume).

ILES SANDWICH.

Sous le protectorat des États-Unis.
Chiffre indiquant la valeur, imprimés en couleur sur blanc.
Légende : *Hawaïan postage, Inter Island.*

N°°				neufs.	obl	itérés.	
1193	1 cent,	noir.		1	»	»	»
1194	1 id.	bleu.		»	ɒ	ɒ	ɪ
1195	2 id.	noir.		»	»	»	»
1196	2 id.	bleu.		»	»	»	»

Portrait de Kameahmeah III, imp. en couleur sur blanc.
Légende : *Uku Leta, Elua Keneta.*

1197 (valeur 2 cents),	rouge.	2 » » »

Portrait de Kameahmeah IV en costume militaire.
Légende : *Honolulu, Hawaïan Iᵉ.*

N°ˢ				neufs.	obl	itérés.	
1198	5 cents,	bleu.		2	»	ɒ	»
1199	13 id.	rouge (Haw. 5ᶜ U. S. 8ᶜ	3	ɒ	»	ɒ	

HONG-KONG, possession anglaise.

N°ˢ			neufs.	obl	itérés.	
1200	2 cents,	brun clair.	» 25	ɒ	»	
1201	4 id.	gris vert.	» 50	»	»	
1202	6 id.	lilas.	» 75	ɒ	ɪ	
1203	8 id.	rose.	1 »	ɒ	ʋ	
1204	12 id.	bleu.	1 25	ɒ	»	
1205	18 id.	violet.	1 75	ɒ	»	
1206	24 id.	vert.	2 25	»	»	
1207	30 id.	vermillon.	2 50	»	»	
1208	48 id.	rose.	4 ɒ	ɒ	ɒ	
1209	96 id.	gris noir.	7 50	»	»	

ILÈS IONIENNES.

Effigie de la reine Victoria, à gauche.

LÉGENDE : IONIKON KPATOΩ, imp. en couleur sur blanc,

			neufs.	oblitérés.
Nᵒˢ				
1210	(1/2 p.)	jaune.	» 50	» »
1211	(1 p)	bleu.	» 50	» »
1212	(2 p.)	rouge.	» 50	» »

INDES, possession anglaise.

PREMIÈRE ÉMISSION.

Effigie de la reine Victoria, à gauche, imprimés en couleur sur blanc.

			neufs.	oblitérés.
Nᵒˢ				
1213	1/2 anna,	rouge.	» »	» »
1214	1/2 id.	bleu.	» »	» 50
1215	1 id.	rouge.	» »	» 25
1216	2 annas,	vert.	» »	» 25

Octogone, la tête imprimée en bleu au trait.

1217	4 annas,	rouge et bleu.	» »	» 25

DEUXIÈME ÉMISSION.

Effigie de la reine Victoria à gauche, imprimés en couleur sur papier blanc glacé.

			neufs.	oblitérés.
Nᵒˢ				
1218	1/2 anna,	bleu.	» »	» 10
1219	1 id.	brun.	» »	» 10

N^{os}				neufs.		obl	itérés.
1220	2	annas,	rose.	»	»	»	25
1221	2	id.	orange.	»	»	»	10
1222	4	id.	noir, pap. bleuté.	»	»	»	10
1223	4	id.	noir, pap. blanc.	»	»	»	10
1224	8	id.	rose.	»	»	»	10
1225	8	id.	rose, pap. bleuté.	»	»	»	10
1226	8	id.	lilas (octogone).	»	»	»	10

Enveloppes.

Effigie de la reine Victoria, en relief, à gauche, imprimés
en couleur sur papier bleuté, ronds.

1227	1/2 anna,	bleu.	»	»	1	»
1228	1 id.	chocolat.	»	»	1	»

ITALIE.

Effigie du roi Victor Emmanuel, à droite, impr. en couleur.
Légende : *Franco bollo.*

PREMIÈRE ÉMISSION.

N^{os}				neufs.	obl	itérés.	
1229	5	centesimi,	noir	»	»	1	»
1230	20	id.	bleu clair.	»	»	1	»
1231	20	id.	bleu indigo.	»	»	1	50
1232	40	id.	rose.	»	»	1	»

DEUXIÈME ÉMISSION.

Effigie du roi Victor Emmanuel, en relief, ainsi que la
Légende : *Franco bollo,* sur papier de couleur.

N^{os}				neufs.	obl	itérés.	
1233	5	centesimi,	vert.	»	»	1	»
1234	20	id.	bleu.	»	»	1	»
1235	40	id.	rose.	»	»	1	»

TROISIÈME ÉMISSION.

Même effigie, en relief blanc, avec encadrement de couleur.
LÉGENDE : *Franco bollo, en relief de couleur.*

Nᵒˢ				neufs.	oblitérés.
1236	5 centesimi,		vert.	» » 1 »
1237	20	id.	bleu.	» » 1 »
1238	20	id.	bleu foncé.	» » 1 50
1239	40	id. ·	rose foncé.	» » 1 »

QUATRIÈME ÉMISSION.

Mêmes timbres, les mots Franco bollo. *et la valeur en blanc sur fond de couleur.*

1240	5 centesimi,		vert clair.	» 10	» 05
1241	5	id.	vert foncé.	» 10	» 05
1242	10	id.	ocre.	» 25	» 05
1243	10	id.	bistre.	» 15	» 05
1244	10	id.	brun noir.	» »	» 05
1245	15	id.	bleu.	1 »	» 25
1246	20	id.	bleu clair.	» 25	» 05
1247	20	id.	bleu foncé.	» 25	» 05
1248	40	id.	rouge.	» 50	» 05
1249	80	id.	jaune.	» 90	» 10
1250	80	id.	orange.	» 90	» 10
1251	3 lire,		doré.	3 75	1 »

CINQUIÈME ÉMISSION.

Portrait de Victor Emmanuel, timbres lithographiés,
imprimés en couleur sur blanc.

1252	15 centesimi,	bleu.	» 25	» 05

Timbres pour journaux.

Grand chiffre blanc, en relief, impr. en couleur sur blanc.

				neufs.	oblitérés.
N^{os}					
1253	1 centesimi,	noir.	» 10	»	»
1254	2 id.	noir.	» »	» 10	
1255	2 id.	bistre.	» 10	»	»

Chiffre taxe.

LÉGENDE : *Segna Tassa*, *ovale*, impr. en couleur sur blanc.

1256	10 centesimi,	jaune ocre.	» 25	»	»

Essais.

Timbre de la 2ᵉ émission.

1257	20 centesimi,	vert.	»	»	»	»

Timbre de la 3ᵉ émission.

1258	20 centesimi,	vert.	»	»	»	»

Timbres de la 4ᵉ émission.

1259	10 centesimi,	noir.	»	»	»	»
1260	20 id.	noir.	»	»	»	»
1261	40 id.	noir.	»	»	»	»
1262	80 id.	noir.	»	»	»	»

Armes, croix de Savoie, Italia, Franco bollo.

1263	15 centesimi,	vert.	»	»	»	»

Nom *Italia*, gravés en taille-douce, *effigie à gauche du roi Victor Emmanuel, dans un ovale.*

1264	2 centesimi,	noir.	1	»	»	»
1265	2 id.	vert.	1	»	»	»
1266	2 id.	violet.	1	»	»	»
1267	2 id.	jaune.	1	»	»	»
1268	2 id.	bleu.	1	»	»	»
1269	2 id.	brun.	1	»	»	»

JAMAÏQUE, possession anglaise.

Effigie de la reine Victoria, à gauche, imprimés en couleur
sur blanc.

LÉGENDE : *Jamaïca postage.*

Nᵒˢ				neufs.	oblitérés.
1270	1 penny,	bleu.		» 25	» »
1271	2 id.	rose		» 50	» »
1271 *bis*	3 pence,			» 75	» »
1272	4 pence,	orange.		1 »	» »
1273	6 id.	lilas.		1 25	» 50
1274	1 schilling,	brun.		2 »	» »

JAVA, possession hollandaise.

Nom, « Post-zegel, Java. » Armoiries (lion), imprimés en
noir, lithographie, rect.

Nᵒˢ			neufs.	obliterés.
1274 *bis*	2 cents,	jaune.	» »	ʳ »

*Nom, Neder. Indie. Post-zegel, portrait du roi, dans
un cadre ; rect.*

1274 *ter*	10 cents,	rouge.	» »	» »

LIBERIA (république de). Sous le protectorat des États-Unis.

Liberté assise, imprimés en couleur sur blanc.

Nᵒˢ			neufs.	oblitérés.
1275	6 cents,	rouge.	2 »	» »
1276	12 id.	bleu.	2 50	» »
1277	24 id.	vert.	3 »	» »

Essais.

Mêmes timbres.

Nos			neufs.	oblitérés.		
1278	12 cents,	violet.	»	»	»	»

LOMBARDO-VÉNÉTIE.

Armes d'Autriche, Aigle à deux têtes.
Légende : *K. K. Post stempel*, impr. en couleur sur blanc.

PREMIÈRE ÉMISSION.

Nos				neufs.	oblitérés.
1279	5 centesimi.	jaune.		» »	» 50
1280	10 id.	noir.		» »	» 25
1281	15 id.	rouge.		» »	» 15
1282	30 id.	brun.		» »	» 15
1283	45 id.	bleu.		» »	» 15

DEUXIÈME ÉMISSION.

Effigie de l'empereur d'Autriche, François-Joseph II,
en relief blanc, à gauche, imprimés en couleur.

1284	2 soldi,	jaune.	» 25	» »
1285	3 id.	vert.	» 25	» »
1286	3 id.	noir.	» »	» 25
1287	5 id.	rouge.	» »	» 25
1288	10 id.	brun.	» »	» 25
1289	15 id.	bleu.	» »	» 25

TROISIÈME ÉMISSION.

Même effigie, à droite, imprimés en couleur, *ovales.*

1290	2 soldi,	jaune.	» »	» »
1291	3 id.	vert.	» »	» »

N°s				neufs.	obliteres.
1292	5 soldi,	rouge.		» 50	» »
1293	10 id.	marron.		1 »	» »
1294	15 id.	bleu.		» »	» »

QUATRIÈME ÉMISSION.

Armes (un aigle), en haut le mot soldi, en bas la valeur.

1295	2 soldi,	jaune.	» 25	» »
1296	3 id.	vert.	» 25	» »
1297	5 id.	rouge.	» 50	» »
1298	10 id.	brun.	» 75	» »
1299	15 id.	bleu.	» »	» »

Enveloppes.

PREMIÈRE ÉMISSION.

Semblables aux timbres de la 3e émission.

N°s			neufs.	obliteres.
1300	3 soldi,	vert.	» 25	» »
1301	5 id.	rouge.	» 50	» »
1302	10 id.	rouge brun.	» 75	» »
1303	15 id.	bleu.	1 »	» »
1304	20 id.	orange.	1 25	» »
1305	25 id.	brun.	1 50	» »
1306	30 id.	violet.	1 75	» »
1307	35 id.	brun.	2 »	» »

DEUXIÈME ÉMISSION.

Semblables aux timbres de la 4e émission.

1308	3 soldi,	vert.	» »	» »
1309	5 id.	rouge.	» 50	» »
1310	10 id.	rouge brun.	» 75	» »
1311	15 id.	bleu.	1 »	» »
1312	20 id.	orange.	» »	» »
1313	25 id.	brun.	» »	» »
1314	30 id.	violet.	» »	» »
1315	35 id.	brun.	» »	» »

5.

LUBECK.

PREMIÈRE ÉMISSION.

Armes, aigle à deux têtes, chiffre aux quatre coins indiquant la valeur, imp. en couleur sur papier blanc.

N°°				neufs.	obltérés.
1316	1/2 shilling,		violet.	» 25	» »
1317	1	id.	orange.	» 25	» »
1318	2	id.	brun.	» 50	» »
1319	21/2	id.	rouge.	» 50	» »
1320	4	id.	vert.	» 75	» »

DEUXIÈME ÉMISSION.

Nom, chiffres sur les côtés indiquant la valeur, ovales, imprimés en couleur sur papier blanc. *Aigle à deux têtes en relief.*

1321	1/2	schilling,	vert.	» 25	» »
1322	1	id.	vermillon.	» 25	» »
1323	2	id.	rose.	» 50	» »
1324	21/2	id.	bleu.	» 50	» »
1325	4	id.	bistre.	» 75	» »

Enveloppes.

Pareilles aux timbres de la 2ᵉ émission.

1326	1/2 schilling,		vert.	» 25	» »
1327	1	id.	vermillon.	» 25	» »
1328	2	id.	rose.	» 50	» »
1329	21/2	id.	bleu.	» 50	» »
1330	4	id.	bistre.	» 75	» »

Essai.

Même timbre que la 1ʳᵉ émission.

			neufs.	oblitérés
Nᵒˢ				
1331	4 shillings,	noir.	» »	» »

LUÇON, possession espagnole.

ÉMISSION DE 1854-55.

Tête de la reine, regardant à droite, imprimés en couleur, date indiquée.

			neufs.	oblitérés
Nᵒˢ				
1332	4 cuartos,	brun rouge.	» »	» »
1333	10 id.	rose.	» »	» »
1334	1 réal P. forte, bleu.		» »	» »
1335	2 réales P. forte, jaune brun.		» »	» »

ÉMISSION DE 1856.

Tête de la reine, regardant à gauche, dans un cercle de perles, Correos. Interior, imp. en couleur sur blanc.

1336	5 cuartos,	rouge.	» »	» »

ÉMISSION DE 1860.

Correos. Interior, portrait de la reine.

1337	5 cuartos,	rouge.	» 2	» »
1338	10 id.	rose.	» 2	» »
1339	5 id.	rouge (dessin différ.)	» »	» »

LUXEMBOURG (Grand Duché).

Effigie du grand duc, roi de Hollande, Guillaume III.

PREMIÈRE ÉMISSION.

Nos				neufs.	oblitérés.
1340	10	cent.	noir.	» »	» 15
1341	1	silbergr.,	rose.	» »	» »
1342	1	id.	rouge.	1 50	» 50
1343	1	id.	brun rouge.	» »	» 50

DEUXIÈME ÉMISSION.

Armes, lion dans un écusson couronné, imp. en couleur.

1344	1	cent.	brun clair.	» 10	» »
1345	2	id.	noir.	» 10	» »
1346	4	id.	jaune.	» 10	» »
1347	10	id.	bleu.	» 25	» »
1348	12 1/2	cent.	rose.	» 25	» »
1349	25	id.	marron.	» 50	» »
1350	30	id.	violet.	» 50	» »
1351	37 1/2	id.	vert.	» 60	» »
1352	40	id.	vermillon.	» 60	» »

Essai.

Pareil aux timbres de la 1ʳᵉ émission.

1353	1	silbergr.,	noir.	» »	» »	—

MALTE, possession anglaise.

Effigie de la reine Victoria, à gauche,
imprimés en couleur sur blanc.

N^{os}				neufs.	obitérés.

N^{os}			neufs.	oblitérés.
1354	1/2 penny,	bistre pap. bleuté.	» »	» »
1355	1/2 id.	bistre pap. blanc.	» 25	» »

MAURICE, possession anglaise.

PREMIÈRE ÉMISSION.

Liberté assise, tenant une lance, imprimés en couleur,
sans indication de valeur. — Mauritius en bas.

N^{os}		neufs.	oblitérés.
1356	rouge.	» »	» »
1357	vert.	» »	1 »
1358	violet.	» »	» 75

Les mêmes, valeur indiquée en haut avec un timbre à main.

1359	4 pence,	vert.	» »	» »
1360	8 id.	violet.	» »	» »

DEUXIÈME ÉMISSION.

Effigie de la reine Victoria, à gauche, mal imp. en couleur.
Légende : *Mauritius post paid.*

1361	1 penny,	rouge sur blanc.	» »	1 »
1362	1 id.	rouge sur bleuté.	» »	1 »
1363	2 pence,	bleu (petite effigie).	» »	1 »
1364	2 id.	bleu (effigie avec c. fleur.).	» »	1 50 .
1365	2 id.	bleu (effigie avec diad. uni)	» »	1 50

TROISIÈME ÉMISSION.

Même effigie entourée d'une grecque.
LÉGENDE : *Mauritius.*

			neufs.	oblitérés.
1366	1 penny,	rouge vif.	» »	1 50
1367	2 pence,	bleu.	» »	» 75

QUATRIÈME ÉMISSION.

Liberté assise, tenant une lance,en haut Mauritius, en bas la valeur, imprimés en couleur sur blanc.

1368	6 pence,	chocolat.	» »	» 50
1369	6 id.	bleu.	» »	» 50
1370	1 shilling,	vermillon.	» »	» 50
1371	1 id.	vert.	» »	» 50

CINQUIÈME ÉMISSION.

Effigie de la reine Victoria, à gauche, imprimés en couleur, papier glacé.

1372	1 penny,	lilas.	» »	» 25
1373	2 pence,	bleu pâle.	» »	» 25
1374	3 id.	chair.	» 75	» »
1375	4 id.	rose.	» »	» 10
1376	6 id.	vert.	» »	» 50
1377	6 id.	violet pâle.	» »	» 50
1378	9 id.	violet.	» »	» 50
1379	1 shilling,	vert.	» »	» 50
1380	1 id.	bistre.	» »	1 »
1381	5 id.	violet foncé.	» »	» »

Enveloppes.

Effigie de la reine Victoria, à gauche, imprimés en couleur sur papier bleuté.

1382	6 pence,	violet, rond.	2 »	» »
1383	9 id.	brun, en écusson à 9 côtés.	2 »	» »
1384	1 shilling, jaune, ovale.		2 50	» »

MECKLEMBOURK-SCHWERIN (grand Duché de).

Armes. Une tête de bœuf couronnée.

Légende : *Mecklemb.-Schwerin Freimarke.*

Nᵒˢ			neufs.	oblitérés.
1385	4/4 schilling,	rouge.	» 25	» »

On peut séparer les quatre parties.

| 1386 | 3 schillinge, | orange. | » 60 | » » |
| 1387 | 5 id. | bleu. | » 75 | » » |

Enveloppes.

Armoiries blanches en relief.

Légende : *Grossh. Mecklemb.-Schwerin,* imprimés en couleur sur blanc, ovales.

1388	1 schilling,	vermillon.	» 25	» »
1389	1 1/2 id.	vert.	» 40	» »
1390	3 id.	jaune.	» 60	» »
1391	5 id.	bleu.	» 75	» »

MEXIQUE.

PREMIÈRE ÉMISSION.

Effigie à gauche, imprimés en couleur sur blanc.

Légende : *Correos Mejico.*

Nᵒˢ			neufs.	oblitérés.
1392	1/2 réal,	bleu.	» »	1 »
1393	1 id.	jaune.	» »	1 »

Nᵒˢ				neufs.	oblitérés.
1394	2 réal,	vert.		» »	1 »
1395	4 id.	rouge.		» »	1 »
1396	8 id.	violet.		» »	1 50

DEUXIÈME ÉMISSION.

Mêmes timbres, imprimés en noir sur couleur.

1397	1/2 réal,	chamois.	» »	1 »
1398	1 id.	vert.	» »	1 »
1399	2 id.	rose pâle.	» »	1 »
1400	4 id.	jaune.	» »	1 »
1401	8 id.	rose.	» »	1 50

TROISIÈME ÉMISSION.

Mêmes timbres, imprimés en couleur sur couleur.

1402	4 réal,	rouge sur jaune.	» »	1 »
1403	8 id.	vert sur rose.	» »	1 50

MODÈNE.

GOUVERNEMENT DUCAL.

Armes. Aigle les ailes ouvertes, imprimés en noir
sur papier de couleur.

Nᵒˢ				neufs.	oblitérés.
1404	5 centesimi,		vert.	1 50	» 50
1405	9 id.	B. G.	violet.	» »	1 »
1406	10 id.		violet.	2 »	1 »
1407	10 id.		rose.	» »	» 50
1408	15 id.		jaune.	1 50	» 15

N^{os}				neufs.	oblitérés.

Nᵒˢ				neufs.	oblitérés.
1409	15 cnet,	jaune.		» »	2 »
1410	15 cctn,	jaune.		» »	2 »
1411	25 centesimi,	chair.		1 50	» 50
1412	40 id.	bleu.		2 »	» 50
1413	49 (pour 40).	bleu.		» »	2 »
1414	40 cnet (sic),	bleu.		» »	2 »
1415	40 cetn.	bleu.		» »	2 »
1416	40 cetn,	bleu.		» »	2 »
1417	40 centesimi,	bleu pâle.		» »	1 »
1418	1 lira,	blanc.		» »	» »

Timbre pour journaux.

Légende : *Tassa gazetta dans un cercle.*

1419	10 centesimi,	noir sur blanc.	» »	» »

GOUVERNEMENT PROVISOIRE.

Armes. Croix de Savoie, imprimés en couleur sur blanc.

Légende : *Provincie Modenesi.*

1420	5 centesimi,	vert.		2 »	1 »
1421	15 id.	brun noir.		» »	2 »
1422	20 id.	bleu.		1 50	» 50
1423	20 id.	violacé.		» »	» 50
1424	40 id.	rose.		» »	» »
1425	80 id.	orange.		» »	» »

MOLDO-VALACHIE.

PREMIÈRE ÉMISSION.

Armes. Tête de bœuf au-dessus d'un cornet de poste,
imprimés en bleu sur papier de couleur, ronds;
frappés à la main. Légende en Moldave.

N°ˢ				neufs.	obliterés.
1426	54 paras,	vert.		1 »	» »
1427	81 id.	bleu.		1 50	» »
1428	108 id.	rose.		2 »	» »

DEUXIÈME ÉMISSION.

Mêmes armoiries, timbres carrés, les coins arrondis.

1429	5 paras,	noir (Porto Gazetei).	» 50	» »
1430	40 id.	bleu (Porto Scrisorei).1 »	» »
1431	80 id.	rouge id.	1 50	» »

TROISIÈME ÉMISSION.

*Mêmes armoiries avec un aigle, timbres carrés,
les coins coupés.*

Légende : *Scrisorei franco.*

1432	3 paras,	jaune ocre.	» 50	» 25
1433	3 id.	jaune citron.	» 50	» 25
1434	6 id.	rouge.	» 50	» »
1435	30 id.	bleu.	» 50	» 25

MONTEVIDEO.

(République orientale de l'Uruguay.)

PREMIÈRE ÉMISSION.

Timbres pour l'extérieur. Soleil rayonnant.
Légende : *Montevideo, Correos, valeur indiquée de chaque
côté du timbre.*

N°ˢ			neufs.	obliterés.
1436	120 centesimos, bleu.		1 50	» »
1437	180 id.	vert.	1 50	» »
1438	240 id.	rouge.	1 50	» »

Timbres pour l'intérieur.

Légende : *Diligencia.*

Nos				neufs.	oblitérés.	
1439	60 centesimos,	bleu.		1 50	»	»
1440	80 id.	vert.		1 50	»	»
1441	1 réal.	rouge.		1 50	»	»

DEUXIÈME ÉMISSION.

Soleil rayonnant, valeur indiquée une seule fois.

Légende : *Montevideo*, imprimés en couleur sur blanc.

1442	60 centesimos,	brun clair (pet. chiff.)	»	»	» 50
1443	60 id.	brun clair (gr. chiff.)	»	»	» 50
1444	60 id.	mauve.	»	»	» 50
1445	80 id.	jaune orangé.	»	»	1 »
1446	100 id.	rose.	»	»	1 »
1447	100 id.	carmin.	»	»	1 »
1448	120 id.	bleu.	»	»	1 »
1449	180 id.	vert.	»	»	1 25
1450	240 id.	rouge.	»	»	1 25

NATAL, possession anglaise.

PREMIÈRE ÉMISSION.

Couronne au milieu avec les lettres V. R., imprimé en relief
sur papier de couleur.

Nos				neufs.	oblitérés.		
1451	1 penny,	jaune.		»	»	»	»
1451 *bis*	1 id.	rose.		»	»	»	»
1452	1 id.	bleu.		»	»	»	»

Nos			neuf.		obl.	
1453	3 pence,	rose.	»	»	»	»
1454	6 id.	vert.	»	»	»	»
1455	9 id.	bleu.	»	»	»	»
1456	1 schilling,	vert.	»	»	»	»

DEUXIÈME ÉMISSION.

Effigie de la reine Victoria, de face, dans un ovale, imprimés en couleur sur blanc.

1457	1 penny,	rouge.	»	»	» 25
1458	3 pence,	bleu.	»	»	» 50
1459	6 id.	violet pâle.	»	»	» 50

NÉVIS, possession anglaise.

Trois femmes dans diverses attitudes, au bord d'une source

Nos			neufs.		oblitérés.	
1460	1 penny,	rouge.	» 25		»	»
1461	4 pence,	rose.	1 »		»	»
1462	6 id.	lilas.	1 25		»	»
1463	1 schilling,	vert.	2 »		»	»

NICARAGUA (État de), Amérique du Centre.

Cinq montagnes, dont celle du milieu est surmontée d'un bonnet de liberté.

Nos			neufs.		oblitérés.	
1464	2 centavos,	bleu.	1 »		»	»
1465	5 id.	noir.	1 »		»	»

Essai.

1466	2 centavos,	noir.	»	»	»	»

NORWÈGE.

PREMIÈRE ÉMISSION.

Lion dans un écusson, imprimés en couleur sur blanc.

N^{os}			neufs.		oblitérés.
1467	4 skillings,	bleu.	» »	» 50	

DEUXIÈME ÉMISSION.

Effigie du roi Oscar, à gauche.

Légende : *Norge,* imprimés en couleur sur blanc.

1468	2 skillings,	jaune.	» 25	»	»
1469	3 id.	violet.	» 50	»	»
1470	4 id.	bleu.	» 50	»	»
1471	8 id.	carmin.	» 75	» 10	
1472	10 id.		» »	»	»
1473	20 id.		» »	»	»

TROISIÈME ÉMISSION.

Nom, armoiries, rectangulaire.

N^o		neuf.	oblitéré.
1474	24 skillings.	2 »	» »

NOUVEAU BRUNSWICK , possession Anglaise.

Fleurs héraldiques d'Angleterre, trèfle et chardon, petite couronne au milieu, carrés, imp. en coul. sur blanc.

N^{os}			neufs.	obliterés.	
1475	3 pence,	brique.	» »	2 »	
1476	6 id.	jaune.	» »	2 »	
1477	1 shilling,	violet.	» »	» »	

DEUXIÈME ÉMISSION.

Divers dessins, imprimés en couleur sur blanc.

Nᵒˢ				neufs.	oblitérés.
1478 locom,	1 cent,	brun, oblong.	» 25	» »
1479 la reine	5 cents,	vert, rect.	» 75	» »
1480 la reine	10 id.	vermillon, rect.	1 »	» »
1481 bateau 12 1/2	id.	bleu, oblong.	1 25	» »
1482 P.deGalles 17	id.	noir, rect.	2 »	» »

Essais.

1483	5 cents,	rouge (reine).	» »	» »
1484	5 id.	bleu (reine).	» »	» »
1485	10 id.	noir (reine).	» »	» »
1486	12 1/2 id.	noir (bateau).	» »	» »
1487	17 id.	rouge (P. de Galles). »	»	» »
1488	5 id.	brun (effigie de face de Connell).	» »	» »

NOUVELLE ÉCOSSE, possession anglaise.

PREMIÈRE ÉMISSION.

Nom, petite effigie de la reine Victoria dans un losange au centre du timbre, imprimés en couleur sur papier bleuté, carré.

Nᵒˢ			neufs.	oblitérés.
1489	1 penny,	brun rouge.	» »	» »

Nom, fleurs héraldiques d'Angleterre (chardon et trèfle), petite couronne au milieu, imprimés en couleur sur blanc, losange.

N^{os}			neufs.	oblitérés.

1490	3 pence,	bleu.	» »	1 25
1491	6 id.	vert.	» »	2 »
1492	1 schilling,	violet.	» »	» »

DEUXIÈME ÉMISSION.

Effigie de la reine Victoria de face ou de profil,
imprimés en couleur.

1493	1 cent,	noir (profil).	» 25	» »
1494	2 id.	violet (profil).	» 25	» »
1495	5 id.	bleu (id.)	» 50	» »
1496	8 1/2 id.	vert (face).	1 »	» »
1497	10 id.	vermillon (face).	1 »	» »
1498	12 id.	noir (face)	1 25	» »

Essais.

1499	1 cent,	vert.	» »	» »
1500	1 id.	bleu.	» »	» »
1501	2 id.	violet très-foncé.	» »	» »
1502	5 id.	noir.	» »	» »
1503	8 1/2 id.	rouge.	» »	» »
1504	8 1/2 id.	noir,	» »	» »
1505	10 id.	vert.	» »	» »
1506	12 1/2 id.	rouge.	» »	» »

NOUVELLE GALLES DU SUD,

Possession Anglaise.

PREMIÈRE ÉMISSION.

Vue de Sydney dans un cercle.

Légende : *Sigillum. Nov. Camb. Aust.*, imprimés
en couleur sur blanc.

N^{os}				neufs.	obitérés.

N°s				neufs.	oblitérés.
1507	1 penny,	rouge.		» »	3 »
1508	2 pence,	vert.		» »	3 »
1509	2 id.	bleu.		» »	3 »
1510	2 id.	noir bleu.		» »	3 »
1511	3 id.	vert.		» »	1 50
1512	3 id.	brun.		» »	3 »
1513	3 id.	brun très-clair.		» »	3 »

DEUXIÈME ÉMISSION.

Effigie à gauche de la reine Victoria (tête couronnée de lauriers).

LÉGENDE : *New South Wales*, imprimés en couleur sur papier blanc, rect.

1514	1 penny,	rouge.		» »	1 50
1515	2 pence,	bleu.		» »	1 50
1516	3 id.	vert.		» »	1 50
1517	6 id.	brun.		» »	1 50
1518	8 id.	jaune.		» »	» »

Mêmes timbres, sur papier bleuté.

1519	1 penny,	rouge.		» »	1 50
1519 *bis*	1 id.	vermillon.		» »	1 50
1520	2 pence,	bleu.		» »	1 50
1521	2 id.	bleu violacé.		» »	1 50
1522	3 id.	vert.		» »	1 50
1523	6 id.	brun.		» »	1 50
1524	8 id.	jaune.		» »	» »

TROISIÈME ÉMISSION.

Effigie à gauche de la reine Victoria (tête couronnée d'un diadème).

LÉGENDE : *New South Wales*, imprimés en couleur sur blanc, rect.

1525	1 penny,	orange.		» »	» 25
1526	1 id.	rouge.		» »	» 25

| N^{os} | | | neufs. | | oblitérés. |

N°s				neufs.	oblitérés.
1527	2 pence,	bleu clair.	» »	» 25
1528	2 id.	bleu foncé. .	» »	» 25
1529	3 id.	vert.	» »	» 50

QUATRIÈME ÉMISSION.

Nom, effigie à gauche de la reine Victoria,
imprimés en couleur. sur blanc. Grands timbres carrés.

1530	5 pence,	vert.	2 »	» »
1531	6 id.	gris.	» »	» 25
1532	6 id.	vert.	» »	» 25
1533	6 id.	violet.	» »	» 25
1534	6 id.	brun clair.	» »	» 25
1535	8 id.	jaune.	» »	1 50
1536	8 id.	jaune orangé.	» »	1 50
1537	1 schilling,	rose.	» »	» 50
1538	1 id.	carmin.	» »	» 50

*Nom. Buste de la reine Victoria couronnée et tenant
un sceptre, type moyen-âge; timbre rond,*
imprimé en couleur sur blanc.

1539	5 schillings,	violet.	1 »	» »

CINQUIÈME ÉMISSION.

Nom, portrait de la reine à gauche, dans un cadre, rect.
imprimé en couleur sur blanc.

1540	2 pence,	bleu.	» »	» 25

Timbres pour lettres chargées.

Effigie de la reine Victoria, à gauche dans un ovale,
imprimés en couleur sur blanc.

1541	registered,	rouge et bleu.	1 »	» »
1542	registered,	jaune et bleu.	» »	» »

NOUVELLE GRENADE (Amérique du Centre).

PREMIÈRE ÉMISSION.

Armes. LÉGENDE : *Confed. Granadina, Correos nacionales,* imprimés en couleur sur blanc.

Nos				neufs.	oblitérés.
1543	2 1/2 centavos,		vert.	» »	1 50
1544	5	id.	bleu.	» »	1 50
1545	5	id.	lilas.	» »	1 50
1546	5	id.	jaune.	» »	1 50
1547	10	id.	brun.	» »	1 50
1548	10	id.	rouge.	» »	1 50
1549	10	id.	vermillon.	» »	1 50
1550	20	id.	bleu.	» »	1 50
1551	20	id.	jaune ocre.	» »	1 50
1552	1 peso,		rose.	» »	2 »

DEUXIÈME ÉMISSION.

Mêmes timbres , cercle plus large ainsi que la bordure, chiffres un peu plus grands.

Nos				Neufs.	oblitérés.
1553	2 1/2 centavos,		vert.	» »	1 50
1554	5	id.	lilas.	» »	1 50
1555	10	id.	brun.	» »	1 50
1556	20	id.	bleu.	» »	1 50

TROISIÈME ÉMISSION.

Armes dans un ovale.

LÉGENDE : *Estados unidos de Nueva Granada,* imprimés en couleur sur blanc, timbres de très-grande dimension.

1557	2 1/2 centavos,		noir.	» »	1 50
1558	5	id.	jaune.	» »	1 50

				neufs.	oblitérés.
Nᵒˢ					
1559	10 centavos,	bleu.	»	»	1 50
1560	20 id.	brun rouge.	»	»	1 50
1561	1 peso	rose.	»	»	2 »

QUATRIÈME ÉMISSION.

*Armes dans un cercle, E. U. de Colombia, correos nacio-
nales*, petite dimension, imp. en couleur sur blanc.

1562	10 centavos,	bleu.	»	»	1 50
1563	20 id.	rose.	»	»	1 50
1564	50 id.	vert.	»	»	2 50

CINQUIÈME ÉMISSION.

*Armes soutenues par des branches de chéne, surmontées
de 9 étoiles. E. U. de Colombia, correos nacionales.*

1565	5 centavos,	jaune.	»	»	1 50
1566	10 id.	bleu.	»	»	1 50
1567	20 id.	rose.	»	»	1 50
1568	50 id.	vert.	»	»	2 50

NOUVELLE ZÉLANDE, possession anglaise.

PREMIÈRE ÉMISSION.

Effigie de la reine Victoria, à gauche, imprimés en couleur
sur papier bleuté.

				neufs.	oblitérés.
Nᵒˢ					
1569	1 penny,	vermillon.	»	»	1 50
1570	2 pence,	bleu.	»	»	» 75
1571	6 id.	brun.	»	»	1 50
1572	1 shilling,	vert.	»	»	2 »

DEUXIÈME ÉMISSION.

Mêmes timbres sur papier blanc.

1573	1 penny,	vermillon.	»	»	» 50
1574	2 pence,	bleu.	»	»	» 50
1575	2 id.	violet bleu.	»	»	» 50

N°⁶			neufs.		oblitérés.	
1576	3 pence,	brun violet.	»	»	1	»
1577	6 id.	brun clair.	»	»	»	50
1578	6 id.	brun foncé.	»	»	»	50
1579	1 schill.	vert clair.	»	»	»	50
1580	1 id.	vert foncé.	»	»	»	50

OLDENBOURG (Grand Duché d').

PREMIÈRE ÉMISSION.

Valeur dans un écusson.

LÉGENDE : *Odenburg*, imprimés en noir sur couleur.

N°⁹			neufs.		obitérés.	
1581	1/3 silbergroschen, vert.		1	»	»	50
1582	1/30 thaler,	bleu.	1	50	»	50
1583	1/15 id.	rose.	1	50	»	50
1584	1/10 id.	jaune.	1	25	»	50

DEUXIÈME ÉMISSION.

Armes dans un ovale, imprimés en noir sur couleur.

N°ˢ			neufs.		oblitérés.	
1585	1/3 groschen,	vert.	1	»	»	50
1586	1 id.	bleu.	1	50	»	50
1587	2 id.	rose.	1	»	»	50
1588	3 id.	jaune.	1	25	»	50

TROISIÈME ÉMISSION.

Mêmes timbres, couleur sur blanc.

1589	1/4 groschen,	orange.	»	50	»	»
1590	1/3 id.	brun.	»	50	»	»
1591	1/2 id.	vert.	»	50	»	»
1592	1 id.	bleu.	»	50	»	»
1593	2 id.	rouge brique.	»	75	»	»
1594	3 id.	jaune citron.	1	25	»	»

QUATRIÈME ÉMISSION.

Armes en relief, imprimés en couleur sur blanc, ovales.

Nos				neufs.	oblitérés.
1595	1/3	groschen,	vert.	» 25	» »
1596	1/2	id.	orange.	» 25	» »
1597	1	id.	rose.	» 25	» »
1598	2	id.	bleu.	» 50	» »
1599	3	id.	sépia.	» 60	» »

Enveloppes.

PREMIÈRE ÉMISSION.

Armes en relief, imprimés en couleur sur blanc, ovales.

1600	1/2	groschen,	brun.	» »	» 50
1601	1	id.	bleu.	» »	» 50
1602	2	id.	rose.	» »	» 75
1603	3	id.	jaune.	» »	» 75

DEUXIÈME ÉMISSION.

Mêmes timbres.

1604	1/2	groschen,	vermillon.	» 25	» »
1605	1	id.	rose.	» 25	» »
1606	2	id.	bleu.	» 40	» »
1607	3	id.	bistre.	» 60	» »

Essai de la 3e *émission.*

1608	2 groschen,	noir.	» »	» »

PACIFIC STEAM NAVIGATION COMPANY.

*Vaisseau à vapeur, dans un ovale. Les lettres P. S. N. C.
aux coins,* imprimés en couleur sur blanc.

Nos				neufs.	oblitérés.
1609	1/2 oz,	1 real,	bleu.	3 »	» »
1610	1/2 id.	1 id.	vert.	3 »	» »
1611	1/2 id.	1 id.	carmin.	3 »	» »

N°s				neufs.	obliterés.
1612	1/2 oz,	1 réal,	brun.	3 »	» »
1613	1 id.	2 id.	bleu.	3 »	» »
1614	1 id.	2 id.	brun.	3 »	» »
1615	1 id.	2 id.	carmin.	3 »	» »
1616	1 id.	2 id.	jaune.	3 »	» »

PARME (Duché de).

GOUVERNEMENT DUCAL.

Armes : Fleur-de-lys dans un grand écusson, imprimés en couleur sur blanc.

LÉGENDE : *Stati Parmensi.*

N°s				neufs.	oblitérés.
1617	5 centesimi,		jaune.	» »	2 50
1618	5	id.	orange.	» »	2 50
1619	15	id.	rose foncé.	» »	1 50
1620	15	id.	vermillon.	» »	1 50
1621	25	id.	brique.	» »	1 25

DEUXIÈME ÉMISSION.

Mêmes timbres, imprimés en noir sur papier de couleur.

LÉGENDE : *Stati Parmensi.*

1622	5 centesimi,		jaune d'or.	1 »	» 50
1623	5	id.	— citron.	1 »	» 50
1624	10	id.	noir.	1 »	» 50
1625	15	id.	rose.	1 »	» 50
1626	25	id.	violet.	1 »	» 50
1627	40	id.	bleu.	1 »	» 50

TROISIÈME ÉMISSION.

Armes : Fleur-de-lys dans un petit écusson, entouré de laurier et de chêne.

LÉGENDE : *Duc di Parma, Piac. Ecc.*, imprimés en couleur sur blanc.

1628	15 centesimi,		rouge.	2 50	1 »
1629	25	id.	chocolat.	2 »	» 50
1630	40	id.	bleu.	2 »	» 75

Gouvernement provisoire.

Légende : *Stati Parmensi*, valeur entourée de filets cintrés, imprimés en couleur sur blanc, *octogones.*

Nos				Neufs.		oblitérés.	
1631	5 centesimi,		vert.	2	»	1	50
1632	10	id.	brun.	2	»	1	50
1633	20	id.	bleu.	2	»	1	»
1634	40	id.	vermillon.	4	»	»	»
1635	80	id.	jaune.	6	»	»	»

Timbres pour journaux.

Mêmes timbres, imprimés en noir sur couleur.

1636	6 cent.	rose.	» 75	»	»
1637	9 id.	bleu.	» 75	»	»

PARAGUAY.

Essais.

Nom, armoiries (lion couché et bonnet phrygien en haut d'un mât).

Nos		Neufs.		oblitérés.	
1638	bleu.	»	»	»	»
1639	brun.	»	»	»	»
1640	jaune.	»	»	»	»
1641	rouge.	»	»	»	»
1642	violet.	»	»	»	»
1643	noir.	»	»	»	»
1644	rose.	»	»	»	»
1645	bleu.	»	»	»	»
1646	jaune brun.	»	»	»	»

PAYS-BAS.

Effigie de Guillaume III, à droite, imprimés en couleur sur blanc.

Nos				Neufs.	oblitérés.
1647	5 cents,	bleu clair.	» 50	» 10
1648	5 id.	bleu foncé.	» 25	» »
1649	10 id.	rouge.	» 40	» 10
1650	15 id.	orange.	» 50	» 10

Essai.

1651	5 cents,	noir.	» »	» »

PÉROU.

PREMIÈRE ÉMISSION.

Armes : écusson contenant un Lama et un arbre.

LÉGENDE : *Correos Porte franco*, imprimés en couleur sur blanc, les letttres sur fond ligné.

Nos			neufs.	oblitérés.
1652	1 dinero,	bleu.	» »	» 50
1653	1 peseta,	rouge.	» »	1 »
1654	1/2 peso,	jaune.	» »	» »

DEUXIÈME ÉMISSION.

Mêmes timbres, lettres sur fond blanc.

1655	1 dinero,	bleu.	» »	» 50
1656	1 peseta,	rouge.	» »	1 »
1657	1/2 peso (ò 50 centimos),	jaune.	» »	» »

TROISIÉME ÉMISSION.

Mémes armes, imprimées en relief au centre du timbre, imprimés en couleur sur blanc.

Nos			Neufs.		oblitérés.	
1658	1 dinero,	rouge.	»	»	»	50
1659	1 peseta,	brun.	»	»	»	75
1660	1/2 peso,		»	»	»	»

Essais.

TIMBRES DE LA TROISIÈME ÉMISSION.

1661	1 dinero,	noir sur papier blanc.	»	»	»	»
1662	1 id.	id.	bleuté. »	»	»	»
1663	1 peseta,	id.	blanc. »	»	»	»
1664	1 id.	id.	bleuté. »	»	»	»

POLOGNE.

Aigle blanc à deux têtes, sur fond rose, dans un manteau bleu. Légende en polonais.

Nos		neufs.		oblitérés.	
1665	10 kopecks, bleu et rose.	1	»	»	»

Enveloppes.

Aigle à deux têtes, imprimés en relief sur papier blanc.
Rondes.

1666	3 kopecks, bleu (p. la ville de Varsovie), sur le coin de l'envel.	1	»	»	»
1667	3 id.	bleu sur le dos de l'envel.	1	»	»	»
1667 *bis*	10 id.	noir.	1	»	»	»

PRINCE ÉDOUARD (île du). Possession anglaise.

Effigie de la reine Victoria, à gauche, imprimés en couleur sur blanc.

Légende : *Prince Edward island postage.*

Nos			neufs.		oblitérés
1668	1 penny,	orange.	»	»	» 25
1669	2 pence,	rose.	»	»	» 50
1670	3 id.	bleu.	»	»	» 75
1671	6 id.	vert.	»	»	1 »
1672	9 p. currency (equal 6 p. st.) violet.		»	»	1 25

PORTUGAL.

PREMIÈRE ÉMISSION.

Effigie de la reine Dona Maria en relief, à gauche, encadrements variés , imprimés en couleur sur blanc.
Légende : *Correio.*

Nos			neufs.		oblitérés.
1673	5 reis ,	brun.	»	»	» »
1674	25 id.	bleu	»	»	» 75
1675	50 id.	vert.	»	»	2 »
1676	100 id.	violet.	»	»	» »

DEUXIÈME ÉMISSION.

Mêmes timbres. Effigie en relief du roi Don Pedro V, à droite.

1677	5 reis, brun rouge, cheveux frisés.	»	»	1 »
1678	5 id. — rouge — plats.	»	»	» »
1679	5 id. — noir — frisés.	»	»	» 25

				Neufs.	oblitérés.
Nᵉ					
1680	25 reis, bleu	cheveux plats.	»	»	» 50
1681	25 id. — ,	— frisés.	»	»	» 25
1682	25 id. rose.		»	»	» 10
1683	50 id. vert.		1	»	» »
1684	100 id. violet.		1 25	»	»

TROISIÈME ÉMISSION.

Mêmes timbres, effigie du roi Don Luis à gauche.

1685	5 reis,	brun noir.	» 15	»	»
1686	10 id.	jaune orang.	» 25	»	»
1687	25 id.	rose.	» 50	»	»
1688	50 id.	vert.	»	»	» »
1689	100 id.	violet.	»	»	» »

PRUSSE.

PREMIÈRE ÉMISSION.

Effigie du roi F. Guillaume IV, à droite.

LÉGENDE : *Freimarke*, imprimés en couleur sur blanc, fond quadrillé. Dans le papier se trouve une couronne de lauriers entourant l'effigie.

			neufs.		oblitérés.
Nᵒˢ					
1690	4 pfenige,	vert.	»	»	» 25
1691	6 id.	vermillon.	»	»	» 10

Mêmes timbres, imp. en noir sur papier de couleur.

1692	1 silbergroschen,	lie-de-vin.	»	»	» 10
1693	2 id.	bleu.	»	»	» 10
1694	3 id.	jaune.	»	»	» 10

DEUXIÈME ÉMISSION.

Mêmes timbres, fond uni, imprimés en couleur sur blanc, sans couronne dans le papier.

				Neufs.	oblitérés.
N^{os}					
1695	1 silbergroschen.	rose.	»	»	» 25
1696	2 id.	bleu.	»	»	» 25
1697	3 id.	jaune.	»	»	» 25

TROISIÈME ÉMISSION.

Mêmes timbres, fond quadrillé.

1698	4 pfenige,	vert.	»	»	» 25
1699	6 id.	vermillon.	»	»	» 10
1700	1 silbergroschen.	rose.	»	»	» 10
1701	2 id.	bleu.	»	»	» 10
1702	3 id.	orange.	»	»	» 10

QUATRIÈME ÉMISSION.

Aigle couronné, en relief, imprimés en couleur, *octogones.*
LÉGENDE : *Preussen.*

1703	4 pfenige,	vert.	» 15	» 10
1704	6 id.	vermillon.	» 25	» 10

Ovales.

1705	1 silbergroschen,	rose.	» 25	» 10
1706	2 id.	bleu.	» 50	» 10
1707	3 id.	bistre.	» 60	». 10

Enveloppes.

PREMIÈRE ÉMISSION.

Effigie du roi Guillaume IV, en relief blanc, à droite, imp. en couleur sur blanc, avec fils dans la pâte du papier.

Ovales avec fils dans la pâte du papier.

Nᵒˢ				neufs.	oblitérés
1708	1 silbergroschen,	rose.	» »	» 50
1709	2 id.	bleu.	» »	1 »
1710	3 id.	jaune.	» »	1 »

Octogones.

1711	4 silbergroschen,	marron.	» »	2 »
1712	5 id.	violet.	» »	2 »
1713	6 id.	vert.	» »	2 »
1714	7 id.	orange.	» »	2 »

Les mêmes, sans fils.

1715	1 silbergroschen,	rose, ovales.	» »	» 25
1716	2 id.	bleu, »	» »	» 50
1717	3 id.	rose, »	» »	» 50
1718	4 id.	marron, oct.	» »	1 50
1719	5 id.	violet, »	» »	1 50
1720	6 id.	vert, »	» »	2 »
1721	7 id.	orange, »	» »	2 »

DEUXIÈME ÉMISSION.

Aigle couronné, en relief, imprimés en couleur sur blanc.
Indication de la valeur imprimée en noir passant sur l'enveloppe au-dessus du timbre.

1722	1 silbergroschen,	rose.	» 25	» »
1723	2 id.	bleu.	» 50	» »
1724	3 id.	bistre.	» 60	» »

Les mêmes, indication de la valeur passant en travers du timbre.

1725	1 silbergroschen,	rose.	» 25	» »
1726	2 id.	bleu.	» 40	» »
1727	3 id.	bistre.	» 60	» »

7

QUEENSLAND, Possession anglaise.

Effigie à gauche de la reine Victoria, imprimés
en couleur sur blanc.

N°ˢ				neufs.	oblitérés.
1728	1 penny,		rouge.	» »	» 50
1728 *bis.*	1 id.		orange.	» »	» 50
1729	2 pence,		bleu.	» »	» 50
1730	3 id.		brun.	» »	1 »
1731	6 id.		vert.	» »	» 50
1732	1 schilling,		violet foncé.	» »	» 75

Lettres chargées *(Registered).*

			neufs.	oblitérés.
1733		jaune.	» »	2 »

ROMAGNES (Gouvernement provisoire).

Timbres rectangulaires, chiffres indiquant la valeur,
imprimés en noir sur couleur.

N°ˢ				neufs.	oblitérés.
1734	1/2 bajoque,		paille.	2 »	1 »
1735	1 id.		gris.	2 »	1 »
1736	2 id.		jaune.	2 »	1 »
1737	3 id.		vert.	2 »	1 »
1738	4 id.		fauve.	2 »	1 »
1739	5 id.		violet.	2 »	1 50
1740	6 id.		vert.	3 »	» »
1741	8 id.		rose.	3 »	2 »
1742	20 id.		bleu clair.	3 »	3 »

Essai.

Nᵒˢ			neuf.		
1743	3 bajoques,	jaune.	5	» » »

RUSSIE.

Armes : Aigle à deux têtes, imprimés en relief blanc
sur fond de couleur.

Nᵒˢ				neufs.	oblitérés.
1744	5	kopecks,	noir et bleu (sans relief).	» 50	» »
1745	10	id.	marron, milieu bleu.	» 60	» »
1746	20	id.	bleu, milieu orange.	1 25	» »
1747	30	id.	carmin, milieu vert.	2 »	» »

Enveloppes.

Aigle à deux têtes, en couleur sur papier blanc, ronds.

1748	5	kopecks,	bleu (p. la ville de St-Pét.)	» 75	» »
1749	10	id.	noir.	» 75	» »
1750	20	id.	bleu.	1 25	» »
1751	30	id.	rose.	2 »	» »

Plus, 1 kopeck, valeur de l'enveloppe.

SAINTE-HÉLÈNE, possession anglaise.

Effigie de la reine Victoria, à gauche.

Légende : *St-Helena postage*, imprimés en couleur.

Nᵒˢ				neufs.	oblitérés.
1752	1	penny,	rouge foncé. (val. en noir.)	» »	» »
1753	4	pence,	rose (valeur en noir).	» »	» »
1754	6	id.	bleu.	1 25	» »

Ste-LUCIE, possession anglaise.

Nom, effigie de la reine Victoria à gauche, imprimés en couleur sur blanc, sans valeur indiquée.

Nos			neufs.	oblitérés.
1755	1 penny,	rouge.	» 25	» »
1756	4 pence,	bleu.	1 »	» »
1757	6 id.	vert.	1 25	» »

St-THOMAS.

Armes. Sceptre et épées croisées supportant une couronne, imprimés en couleur, fond ondulé.

Nos			neufs.	oblitérés.
1758	3 cents,	brun rouge sur blanc.	» »	» »

Les mêmes, fond sablé.

1759	3 cents,	brun rouge sur blanc.	» »	» »
1760	3 id.	brun rouge sur brun.	» 50	» »

St-VINCENT.

Nom, effigie de la reine Victoria à gauche, imp. en couleur.

Nos			neufs.	oblitérés.
1761	1 penny,	rouge.	» 25	» »
1762	6 pence,	vert.	1 25	» »

SAXE.

PREMIÈRE ÉMISSION.

Nom, grand chiffre sur fond burelé, carré, imprimé en couleur.

N^{os}			neufs.	oblitérés.
1763	3 pf.,	rouge.	» »	3 »
1764	3 pf.,	rose.	» »	3 »

DEUXIÈME ÉMISSION.

Nom, effigie du roi Frédéric-Auguste, à droite, imprimés en noir sur couleur.

1765	1/2 neug.,	gris.	» »	» 50
1766	1 id.	rose.	» »	» 50
1767	2 id.	bleu clair.	» »	» 50
1768	2 id.	bleu foncé.	» »	» 50
1769	3 id.	jaune.	» »	» 50

Armes dans un ovale.

1770	3 pf.,	vert.	» 25	» 10

TROISIÈME ÉMISSION.

Mêmes timbres, effigie du roi Jean à gauche, imprimés en noir sur couleur.

1771	1/2 neug.,	gris.	» 25	» 10
1772	1 id.	rose.	» 50	» 10
1773	2 id.	bleu.	» 75	» 10
1774	3 id.	jaune.	1 »	» 10

Les mêmes, imprimés en couleur sur blanc.

1775	5 neug.,	vermillon.	1 50	» 25
1776	10 id.	bleu ciel.	2 50	» 50

QUATRIÈME ÉMISSION.

Nom, armes en relief dans un écusson, imprimés en couleur sur blanc, rectangulaires.

N°ˢ				neufs.	oblitérés
1777	3 pf.,	vert.		» 10	» »
1778	1/2 neug.,	vermillon.		» 25	» »

ovales.

1779	1 neug.,	rose.		» 25	» »
1780	2 id.	bleu.		» 40	» »
1781	3 id.	bistre.		» 60	» »
1782	5 id.	violet.		1 »	» »

Enveloppes.

PREMIÈRE ÉMISSION.

Nom, effigie en relief du roi Jean à gauche, imprimés en couleur ovales, imprimés sur le côté gauche de l'enveloppe.

N°ˢ				neufs.	oblitérés.
1783	1 neug.,	rose.		» »	» »
1784	2 id.	bleu.		» »	» »
1785	3 id.	jaune.		» »	» »
1786	5 id.	violet.		» »	» »
1787	10 id.	vert.		» »	» »

DEUXIÈME ÉMISSION.

Mêmes timbres, imprimés sur le côté droit de l'enveloppe.

1788	1 neug.,	rose.		» 50	» »
1789	2 id.	bleu ciel.		1 »	» »
1790	2 id.	bleu foncé.		1 »	» »
1791	3 id.	jaune.		1 »	» »
1792	5 id.	violet.		1 50	» »
1793	10 id.	vert.		2 »	» »

TROISIÈME ÉMISSION.

Nom, armes en relief dans un écusson, imprimés
en couleur sur blanc, ovales.

Nos				neufs.		obl'térés.	
1794	1	neug.,	rose.	»	25	»	»
1795	2	id.	bleu.	»	40	»	»
1796	3	id.	bistre.	»	60	»	»
1797	5	id.	violet.	1	»	»	»
1798	10	id.	vert.	»	»	»	»

SICILE.

Nom, effigie du roi Ferdinand II, à gauche,
imprimés en couleur.

Nos				neufs.		oblitérés.	
1799	1/2	grano,	orange.	»	»	2	»
1800	1	id.	brun olive.	»	»	»	40
1801	2	id.	bleu clair.	»	»	»	25
1802	2	id.	bleu foncé.	»	»	»	40
1803	5	id.	vermillon.	»	»	1	50
1804	5	id.	rouge.	»	»	1	50
1805	10	id.	bleu indigo.	»	»	1	50
1806	20	id.	noir bleu.	»	»	1	50
1807	50	id.	rouge brun.	»	»	»	»

Essais.

1808	10 grano, bleu ciel (portrait, Fleur-de-Lys aux 4 coins).	» »	» »
1809	10 grano, bleu foncé, effigie du roi, à gauche, plus petit que les timbres acceptés.	» »	» »
1810	noir, valeur non indiquée, portrait du roi avec grande barbe	» 50	» »

SIERRA-LEONE, possession anglaise.

Effigie de la reine Victoria à gauche, imprimé en couleur.

N**			neufs.	obliérés.
1811	6 pence,	violet.	» » 2	»

SUÈDE.

PREMIÈRE ÉMISSION.

Nom, Armes. Trois couronnes dans un écusson, imprimés
en couleur.

N**				neufs.	obliérés.
1812	3 skillings,	vert.	» »	» 50
1813	4 id.	bleu.	» »	» 50
1814	6 id.	gris.	» »	» 50
1815	8 id.	jaune.	» »	» 50
1816	24 id.	orange.	» »	1 »

Frimaerke for Local bref (pour la ville de Stockholm).
Mots au centre du timbre entourés d'ornements.

| 1816 *bis.* | 3 ore, | noir sur blanc, | » » 1 | » |

DEUXIÈME ÉMISSION.

Mêmes timbres.

1817	5 ore,	vert pâle.	» 25	» »
1818	5 id.	vert foncé.	» 25	» »
1819	9 id.	bleu.	» 40	» 25
1820	12 id.	violet.	» 50	» »
1821	24 id.	orange.	1 25	» 25
1822	30 id.	brun.	1 50	» 25
1823	50 id.	carmin.	2 »	» 25

Frimaerke for Local bref.

Nᵒˢ   neufs. oblitérés.

1824   3 ore,   . bistre.   » 25   »   »

TROISIÈME ÉMISSION.

Nom. Valeur répétée deux fois : Armoiries gardées par un lion couché.

1825   3 ore,   bistre.   »   »   » 25

Essai.

TIMBRE DE LA TROISIÈME ÉMISSION.

1826   3 ore,   noir.   »   »   »   »

SUISSE.

CANTONS

BÂLE.

Nom. Colombe blanche dans un écusson rouge, au-dessus, les armes de la ville de Bâle. Rect.

Nᵒˢ   neufs. oblitérés.

1827   2 1/2 rappen,   rouge et bleu.   2 50   1 50

VAUD.

Croix blanche dans un rond rouge, au centre d'un cor de chasse.

Légende : *Poste Locale. Oblong.*

1828   4 centimes,   noir.   »   »   1   »
1829   5   id.   noir.   »   »   1   »

NEUCHATEL.

Croix blanche dans un écusson rouge.

Légende : *Poste Locale*, imprimés en noir. Rect.

N°s			neufs.	oblitérés.
1830	5 centimes,	noir.	» » ·	1 »

GENÉVE.

Nom, armes, imprimés en noir sur couleur.

1831	10 centimes,	Port cantonal.	» »	» »

(Ce timbre est formé de **2** timbres 5 c., réunis et surmontés des mots *Port cantonal.*)

1832	5 centimes,	vert clair. Port local.	» »	1 25
1833	5 id.	vert foncé. id.	» »	1 25

Mêmes timbres, plus petits.

1834	5 centimes.	vert clair. Port local.	» »	1 25
1835	5 id.	vert foncé. id.	» »	1 25

Mêmes timbres, imprimés en couleur sur blanc.

1836	5 centimes,	vert (enveloppe).	» »	» »
1837	5 id.	vert (timbre).	» »	1 50

ZURICH.

Nom. Grands chiffres indiquant la valeur aux **4** *coins,* chiffres formant la date de 1843, fond strié en hauteur.

1838	4 centimes, Local taxe,	noir.	» »	» »
1839	6 id. Cantonal taxe,	noir.	» »	» »

Fond strié en largeur.

1840	4 centimes, Local taxe,	noir.	» »	» »
1841	6 id. Cantonal taxe,	noir.	» »	» »

Mêmes timbres, sans millésime, fond strié en rouge
en hauteur.

N°ˢ				neufs.	oblitérés.
1842	4 centimes, Local taxe,	noir.	» »	1 »
1843	6 id. Cantonal taxe, noir.		» »	1 »

Fond strié rouge en largeur.

1844	4 centimes, Local taxe,	noir.	» »	1 »
1845	6 id. Cantonal taxe, noir.		» »	1 »

Les mêmes, sans stries dans le papier.

1846	4 centimes, Local taxe,	noir.	» »	1 »
1847	6 id. Cantonal taxe, noir		» »	1 »

VINTERTHUR.

*Croix blanche dans un rond rouge, au milieu d'un cor
de chasse.* Légende : *Orts-Post.*

1848	2 1/2 rappen,	noir.	» »	1 50

Administration Fédérale.

PREMIÈRE ÉMISSION.

*Croix blanche dans un écusson rouge surmonté d'un cor
de chasse.*

N°ˢ			neufs.	obliférés.
1849 Orts-post. 2 1/2 rap., noir sur blanc.			» »	» 50
1850 Poste loc. 2 1/2 id. noir sur blanc.			» »	» 50
1851 Rayon I. 5 id. noir sur bleu clair.			» »	» 50
1852 id. I. 5 id noir sur bleu foncé.			» »	» 50
1853 id. II. 10 id. noir s. jaune foncé.			» »	» 25
1854 id. II. 10 id. noir s. jaune clair.			1 25	» 25

DEUXIÈME ÉMISSION.

Mêmes timbres, imprimés en couleur sur blanc.

Nos						neufs.	chiffrés
1855	Rayon I.	5	rap.,	bleu.	»	»	» 25
1856	id. III.	15	id.	rouge (pet. chiffres).	»	»	» 25
1857	id. III.	15	id.	rouge (gr. chiffres).	»	»	» 50
1858	id. III.	15	cent.,	rouge.	»	»	» 50

TROISIÈME ÉMISSION.

Liberté de face assise, appuyée sur un bouclier orné de la croix fédérale.

1859	2	centimes,	gris.	» 25	» 10
1860	5	id.	brun clair.	» »	» 10
1861	5	id.	brun foncé.	» 25	» 10
1862	10	id.	bleu.	» 25	» 10
1863	15	id.	rose.	» 50	» 10
1864	20	id.	jaune.	» 50	» 10
1865	40	id.	vert.	» 50	» 05
1866	1	franc,	gris perle.	1 50	» 50

QUATRIÈME ÉMISSION.

Nom : Helvetia. Déesse de la liberté, assise et de profil, imprimés en couleur.

1867	2	cent.,	gris.	» 10	» 05
1868	3	id.	noir.	» 10	» 05
1869	5	id.	brun.	» 10	» 05
1870	10	id.	bleu.	» 20	» 05
1871	20	id.	jaune.	» 30	» 05
1872	30	id.	rouge.	» 50	» 05
1873	40	id.	vert.	» 50	» 05
1874	60	id.	bronzé.	» 75	» »
1875	1	franc,	doré.	1 25	» »

TERRE-NEUVE (possession anglaise).

Nom : Fleurs héraldiques d'Angleterre, impr. en couleur.

PREMIÈRE ÉMISSION.

N°ˢ				neufs.	oblitérés.
1876	1 penny, carré.	brun.	» 25	» »
1877	2 pence, rect.	vermillon.	» 50	» ·
1878	3 id. triangul.	vert.	1 »	» »
1879	4 id. rect.	vermillon.	» »	» »
1880	5 id. carré.	brun.	1 25	» »
1881	6 id. rect.	vermillon.	» »	» »
1882	6 id. 1/2 id.	vermillon.	» »	» »
1883	8 id. id.	vermillon.	1 75	» »
1884	1 shilling, id.	vermillon.	» »	» »

DEUXIÈME ÉMISSION.

Mêmes timbres.

1885	2 pence, rect.	carmin.	» »	» »
1886	4 id. id.	id.	1 »	» »
1887	6 id. id.	id.	1 25	» »
1888	6 1/2 id. id.	id.	1 50	» »
1889	8 id. id.	id.	» »	» »
1890	1 shilling, id.	id.	2 »	» »

TOSCANE, Gouvernement Ducal,

Nom, Armoiries : un lion soutenant un écusson, imprimés
en couleur sur papier bleuté.

Nos				neufs.	oblitérés.
1891	1 quatrino,	noir.	» »	2	»
1892	1 soldo,	jaune	» »	2	»
1893	2 soldi,	brique.	» »	»	»
1894	1 crazia,	brun rouge.	» »	» 25	
1895	1 id.	rouge.	» »	» 25	
1896	2 crazie,	bleu pâle.	» »	» 25	
1897	2 id.	bleu ciel.	» »	» 25	
1898	4 id.	vert.	» »	» 25	
1899	6 id.	bleu foncé.	» »	» 25	
1900	6 id.	bleu ardoise.	» »	» 25	
1901	9 id.	brun violet.	» »	» 25	
1902	60 id.	brun rouge.	» »	3	»

Mêmes timbres, sur papier blanc.

1903	1 quat.,	noir.	» »	2	»
1904	1 soldo,	jaune.	» »	2	»
1905	1 crazia,	rouge.	» »	» 20	
1906	2 crazie,	bleu pâle.	» »	» 20	
1907	2 id.	bleu ciel.	» »	» 20	
1908	4 id.	vert.	» »	» 20	
1909	6 id.	bleu foncé.	» »	» 25	
1911	6 id.	bleu ardoise.	» »	» 25	
1912	9 id.	brun violet.	» »	» 25	

Gouvernement provisoire.

Nom, armes : Croix de Savoie; imprimés en couleur.

1913	1 centesimi,	violet.	» »	» 50
1914	5 id.	vert.	» »	» 50

Nᵒˢ				neufs.		oblitérés.
1915	10 centesimi,	brun.		» »		» 25
1916	20 id.	bleu.		» »		» 10
1917	40 id.	rouge.		» »		» 25
1918	80 id.	chair.		» »		» 25
1919	3 lire It.	jaune.		» »		» »

TRINITÉ (île de la), possession anglaise.

PREMIÈRE ÉMISSION.

Nom : Déesse assise, timbres très-mal imprimés.

Nᵒˢ		neufs. oblitérés.
1920	gris.	» » 2 »
1921	bleu.	» » 2 »
1922	rouge.	» » 3 »

DEUXIÈME ÉMISSION.

Mêmes timbres bien imprimés.

1923	brique s. p. blanc	» »	» 50
1924	brique s. p. bleuté.	» »	» 50
1925	bleu s. pap. bleuté.	» »	» »
1926	noir s. pap. bleuté.	» »	» »

TROISIÈME ÉMISSION.

Mêmes timbres, valeur indiquée.

1927	4 pence,	lilas.	» »	» 25
1928	6 id.	vert.	» »	» 50
1929	1 shilling,	noir bleu.	» »	» 50
1930	1 id.	violet.	» »	» 50

TURQUIE.

Signature du Sultan, valeur indiquée en turc au bas du timbre, imp. en noir sur papier de couleur très-mince.

Timbres pour la ville de Constantinople.

Nᵒˢ				neufs.		oblitérés	
1931	20	paras,	orange.	» 25		»	»
1932	1	piastre,	brun clair.	» 50		»	»
1933	2	id.	brun clair.	1 »		»	»
1934	5	id.	brun clair.	2 »		»	»

Timbres pour l'intérieur de la Turquie.

1935	20	paras,	jaune.	» 25		»	»
1936	1	piastre,	violet.	» 50		»	»
1937	2	id.	bleu.	1 »		»	»
1938	5	id.	rouge.	2 »		»	»

VAN-DIÉMEN (terre de) ou TASMANIE,
possession anglaise.

PREMIÈRE ÉMISSION.

Nom : Van Diemens Land, petite effigie de la reine Victoria, imprimés en couleur sur blanc.

Nᵒˢ				neufs.		oblitérés.	
1939	1	penny, rect.,	bleu.	»	»	»	»
1940	4	pence, octog.	orange.	»	»	»	»
1941	10	id. rond,	rouge.	»	»	»	»

DEUXIÈME ÉMISSION.

Nom : effigie de la reine Victoria à gauche, rect.,
imprimés en couleur sur blanc.

Nos				neufs.	oblitérés
1942	1 penny.	rouge brun.	»	»	» 50
1943	1 id.	vermillon.	»	»	» 50
1944	2 pence,	vert clair.	»	»	» 50
1945	2 id.	vert foncé.	»	»	» 50
1946	4 id.	bleu clair.	»	»	» 25
1947	4 id.	bleu foncé.	»	»	» 25

Nom, Tasmania, imprimés en couleur sur blanc, *octogones.*

1948	6 pence,	gris.	»	»	» 50
1949	6 id.	bleu violacé.	»	»	» 50
1950	1 shilling,	vermillon.	»	»	» 50

VENEZUELA.

Nom : Armes, imprimés en couleur sur papier bleuté.

PREMIÈRE ÉMISSION.

Nos				neufs.	oblitérés.
1951	1/2 real,	jaune.	» »	» »	
1952	1/2 id.	orange.	» »	» »	
1953	1 id.	bleu.	» »	» »	
1954	2 id.	rouge.	» »	» »	

DEUXIÈME ÉMISSION.

Mêmes timbres, papier blanc.

1955	1/2 real,	jaune.	» 75	» 50
1956	1/2 id.	orange.	» »	» 50
1957	1 id.	bleu.	» »	» 50
1958	2 id.	rouge.	» »	» 50

Mêmes timbres plus grands.

Nos			neufs.	oblitérés.
1959	1/4 centavo,	vert.	» 25	» »
1960	1/2 id.	brun violet.	» 50	» »
1961	1 id.	brun.	» 50	» »

VICTORIA, possession anglaise.

PREMIÈRE ÉMISSION.

Nom : Buste de la reine Victoria tenant son sceptre,
imprimés en couleur sur blanc.

Nos			neufs.	obolitérés.
1962	1 penny,	jaune rose.	» »	1 50
1963	1 id.	rose.	» »	1 50
1964	2 pence,	gris.	» »	1 50
1965	3 id.	bleu.	» »	» 50

DEUXIÈME ÉMISSION.

– Nom : La reine Victoria assise sur un trône,
imprimés en couleur sur blanc.

1966	1 penny,	vert.	» »	1 50
1967	2 pence,	mauve.	» »	1 50
1968	2 id.	brun.	» »	1 50
1969	6 id.	bleu.	» »	» 50

TROISIÈME ÉMISSION.

Nom : Effigie à gauche de la reine Victoria, ornements
dans les coins.

1970	1 penny, vert (vaisseau aux coins).	» »	» 25
1971	1 penny, vert (filets entrelacés aux coins).	» »	» 25

N°s				neufs.	obliterés.
1972	1 penny,	noir.		» »	» 25
1973	2 pence,	lilas.		» »	» 25
1974	4 id.	rose.		» »	» 25
1975	4 id.	vermillon.		» »	» 75

QUATRIÈME ÉMISSION.

Nom : Même effigie, les mots : Postage, Stamps sur les côtés

1976	6 pence,	jaune.	» »	» 50
1977	6 id.	noir.	» »	» 50
1978	2 shillings,	vert.	» »	» 50

Effigie de la reine Victoria à gauche, octogone.

1979	1 shilling,	bleu.	» »	» 25

CINQUIÈME ÉMISSION.

Nom : Même effigie, chiffre indiquant la valeur de chaque côté du timbre.

1980	3 pence,	bleu.	» »	» 25
1981	4 id.	rose.	» »	» 25
1982	6 id.	jaune.	» »	» »
1983	6 id.	noir. (Lettres un peu plus grandes.	» »	» 25

Nom : Même effigie, imprimés en couleur sur blanc.

1984	Too late (pour les lettres en retard), lilas et vert.	2 »	» »
1985	Registered (pour les lettres chargées), bleu et rose.	2 »	» »

WURTEMBERG.

PREMIÈRE ÉMISSION.

Nom : Chiffre indiquant la valeur dans un cercle, imprimés en noir sur couleur.

N^{os}				neufs.	oblitérés.
1986	1 kreuzer,	paille.		» »	» 50
1987	3 id.	jaune.		» »	» 25
1988	6 id.	vert.		» »	» 25
1989	9 id.	rose.		» »	» 25
1990	18 id.	violet.		» »	» 50

DEUXIÈME ÉMISSION.

Armes en relief, imprimés en couleur sur blanc.

1991	1 kreuzer,	bistre.	» »	» 10
1992	3 id.	orange.	» »	» 10
1993	6 id.	vert.	» »	» 10
1994	9 id.	rose foncé.	» »	» 10
1995	18 id.	bleu.	» »	» 50

TROISIÈME ÉMISSION.

Mêmes timbres.

1996	1 kreuzer,	vert.	» 10	» »
1997	3 id.	rose.	» 25	» »
1998	6 id.		» »	» »
2999	9 id.	bistre.	» 60	» »
2000	18 id.		» »	» »

Enveloppes.

Nom : Chiffre en relief, imprimés en couleur. *Octogones.*

Papier blanc.

Nᵒˢ				neufs.	oblitérés.
2001	3 kreuzer,	rose.	» 25	»	»
2002	6 id.	bleu.	» 40	»	»
2003	9 id.	bistre.	» 60	»	»

Papier bleuté.

2004	3 kreuzer,	rose foncé.	» 25	»	»
2005	6 id.	bleu.	» 40	»	»
2006	9 id.	brun foncé.	» 60	»	»

Timbre pour les lettres retournées. Commission fur retour brief, armoiries, imprimé en noir sur papier blanc.

2007	noir.	» » » »

TABLE

ALBUM - TIMBRES - POSTE

PAR J. LALLIER

3ᵉ Édition considérablement augmentée

1 volume in-4 oblong , relié en toile , fermoir , 8 francs.

Le même relié en maroquin, deux fermoirs, 12 francs.

LILLE, HORÉMANS, IMP. DE LA VILLE.